卡內基

給女人的成功心法

經典新版

陶樂絲・卡內基／著

〔名人推薦〕

除了自由女神，卡內基或許就是美國的象徵。

——美國《時代周刊》

在出版史上，沒有任何一本書能像卡內基那樣持久地深入人心，也唯有卡內基的書，才能在他辭世半個世紀後，還占據著我們的排行榜。

——《紐約時報》

與我們應取得的成就相比，我們只不過是半醒著，我們只利用了身心資源的一部分。卡內基因為幫助職業人士開發他們蘊藏著的潛能，在成人教育中掀起了一種風靡全球的運動。

——威廉．詹姆斯（哈佛大學著名心理學教授）

由卡內基開創並倡導的個人成功學，已經成為這個時代有志青年邁向成功的階梯，通過它的傳播和教導，無數人明白了積極生活的意義，並由此改變了他們的命運。卡內基留給我們的不僅僅是幾本書和一所學校，其實真正價值是：他把個人成功的技巧傳授給了每一個想成功的年輕人。

——甘迺迪總統（一九六三年在卡內基逝世紀念會上的演講）

你真想將自己的生活改變的更好嗎？如果是，那麼本書可能是你們遇到的最好的書之一。

閱讀它，再閱讀它，然後開始行動。

——奧格．曼丁諾《世界上最偉大的推銷員》作者

《讀者文摘》推介：

本書對你有什麼影響？

1. 改變你陳舊的觀念，給你新的一頁，讓你耳目一新！
2. 使你交友迅速，廣受歡迎，易得知己。
3. 幫助你不畏困難，建立積極的人生觀。
4. 幫助你使人贊同你，喜歡你。
5. 增加你的聲望，和你成功事業的能力。
6. 使你獲得新的機會。
7. 增加你賺錢的能力。
8. 幫助你成為一個更好的推銷員或高級職員。
9. 幫助你應付抱怨，避免責難，使你與人相親相愛。
10. 使你成為一個更好的演說家，一個健談者。
11. 使你每日生活中，易於應付這些心理學上的原則。
12. 使得有你在的場合，便可激起人生的熱忱。

關於戴爾・卡內基

戴爾・卡內基，被譽為二十世紀人類最偉大的人生導師，也是成功學大師。

卡內基於一八八八年十一月廿四日出生在美國密蘇里州的一個貧苦農民家庭，是一個樸實的農家子弟，他的童年和其他美國中西部農村的男孩子並沒有什麼不同，他幫父母幹雜事、擠牛奶，即使貧窮也不以為意。這或許是因為他根本不覺得自己家裡很貧窮。

在那個沒有農業機械的年代，他和父親同樣做著那些繁重的體力活，而一年的辛勞卻可能因為一場水災而付諸東流，或者被驕陽曬枯了，或者餵了蝗蟲。

卡內基眼見父親因為這些永無終止的操勞而備受折磨，發誓絕不拿自己的一生來和天氣賭每年收成到底是如何！

如果說卡內基的童年和其他農村男孩子有什麼不同的話，那主要是受到他母親的強烈影響。她是一名虔誠的教徒，在嫁給卡內基的父親之前曾當過教員。她鼓勵卡內基接受教育，她的夢想是讓兒子將來當一名傳教士或教師。

一九〇四年，卡內基高中畢業後就讀於密蘇里州華倫斯堡州立師範學院。他雖然得到全額獎學金，但由於家境的貧困，他還必須參加各種工作，以賺取必要的生活費用。這使他感到羞恥，養成了一種自卑的心理。因而，他想尋求出人頭地的捷徑。

在學校裡，具有特殊影響和名望的人，一類是棒球球員，一類是那些辯論和演講獲勝的人。他知道自己沒有運動員的才華，就決心在演講比賽上獲勝。他花了幾個月的時間練習演講，但一次又一次地失敗了。失敗帶給他的失望和灰心，甚至使他想到自殺。然而在第二年裡，他開始獲勝了。

當時，他的目標是得到學位和教員資格證書，好在家鄉的學校教書。但是，卡內基畢業後並沒有去教書。他前往國際函授學校總部所在地丹佛市，為該校做推銷員，薪水是一天兩美元，這筆收入可以支付他的房租和膳食，此外還有推銷的佣金。

儘管卡內基盡了最大的努力，但是並不太成功，於是又改而推銷肉類產品。為了這份工作，他一路上免費為一個牧場主人的馬匹餵水、餵食，搭這人的便車來到了奧馬哈市，當上了推銷員，週薪為十七點三一美元，比他父親一年的收入還要高。

雖然卡內基的推銷幹得很成功，成績由他那個區域內的第廿五名躍升為第一名，但他拒絕升任經理，而是帶著積攢下來的錢來到紐約，當了一名演員。

作為演員，卡內基唯一的演出是在話劇《馬戲團的包莉》中擔任一個角色。在這次話劇旅行演出一年之後，卡內基斷定自己走戲劇這行沒有前途，於是他又改回推銷的老本行，為一家汽車公司推銷汽車和卡車。

但做推銷員並不是卡內基的理想。在他從事汽車推銷時，他對自己的能力很懷疑。

有一天，一位老者想買車，卡內基又背誦了那套「車經」。老者淡淡地說：「無所謂，我還走得動，開車只不過是嘗新罷了，因為我年輕時曾夢想成為汽車設計師，那時還沒有汽車呢。」

老者的一番話，吸引了卡內基。他和老者聊起自己在公司的情況，後來他們的談話又轉到了人生的話題。卡內基講述了自己最近的煩惱：「那天凌晨，對著一盞孤燈，我對自己說：『我在做什麼，我的夢想是什麼，如果我想要成為作家，那為什麼不從事寫作呢？』您認為我的看法對嗎？」

「好孩子，非常棒！」老者的臉上露出輕鬆的笑容，繼而說：「你為什麼要為一個你不關心又不能付你高薪的公司賣命呢？你不是想賺大錢嗎？寫作，在今天也是個不錯的選擇呀！」

「不，老先生，放棄工作是不可能的，除非我有別的事可做。但是我能做什麼呢？我有什麼能力能讓自己滿意地賺錢和生活呢？」卡內基問。

老者說：「你的職業應該是能使你感興趣並發揮才能的，既然寫作很適合你，為什麼不試一試？」

這一句話讓卡內基茅塞頓開。那份埋藏在胸中奔湧已久的寫作激情，被老者的幾句話給激發了。於是，從那天起，卡內基決定換一種生活。他要當一位受人尊敬、受人愛戴的偉大作家。

一個偶然的機會，卡內基發現自己所在城市的青年會（YMCA）在招聘一名講授商務技巧的夜大老師，於是他前去應聘，並且被錄用了。

卡內基的公開演說課程，不僅包括了演說的歷史，還有演說的原理知識。除此之外，他還發明了一種獨特而非常有效的教學方式。

當他第一次為學員上課時，就直接點名讓學員談他們自己，向大家講述他們日常生活中發生的事。當一個學員說完以後，另一個學員接著站起來說，然後再讓其他學員站起來說。這樣，直到班上每一個學員都發表過簡短的談話。

卡內基後來說：「在不知道究竟該怎麼辦的情況下，我誤打誤撞，找到了幫助學員克服恐懼的最佳方法。」從此以後，卡內基這種鼓勵所有學員共同參與的教學方法，成為激發學員興趣和確保學員出席的最有效方法。雖然這種方法在當時尚無先例，也沒有什麼方法可以評定他這套方法的效果，但它確實奏效了，並且在全世界教出了許多更會說話且更有信心的人。

這一哲理的成功，可以從成千上萬名畢業學員寫來的信中得到證明。寫這些信的學員有工廠工人、家庭主婦、政界人士、公司負責人、教師及傳教士，他們的職業遍及了各行各業。

卡內基於一九五五年十一月一日去世，只差幾個星期便六十七歲。追悼會在森林山舉行，被葬在密蘇里州他父母親墓地的附近。一九五五年十一月三日，華盛頓一家報紙刊載了下面這段文字——

「那些憤世嫉俗的人過去常常揣測，如果每個人都接受並且遵照卡內基的話語去做，那將會成什麼局面？卡內基先生在星期二去世了，他從來不屑於這些世故者的風涼話。他知道自己所做的事，而且做得極好。他在自己的書中和課程上，努力教導一般人克服無能的感覺，學會如何講話、如何為人處世。

「千百萬人受到他的影響，他的這些哲理如文明一樣古老，如『十誡』一般簡明，對於人們在這個狂亂的年代裡獲得快樂和成就極有幫助。」

卡內基
Dale Carnegie

[目錄]
Contents

卡內基
Dale Carnegie

[目錄]
Contents

前言

寫給妳的

陶樂絲・卡內基

幾年前，我在一家商業學校教授有關人格發展的課程。那些十七歲到二十歲的年輕女孩子，都是準備要到社會上服務的。

有一次，我為了自己所需要的資料而準備了一份簡短的問卷，要每個學生以不具名方式把它填好交出。

其中有個問題是：「你想你會在十年內結婚嗎？」答案竟毫無例外的「肯定」。

另一個問題是：「如果你必須在事業和婚姻之間做個選擇，你要選擇哪一項？」又是一次完全一樣的答案──每一個學生都選了「婚姻」。

這樣的答案對於身為老師的我，意義太重大了！

於是，我再向她們強調未來在事業上要如何成功，而開始鼓勵她們

——能夠使她們在老闆的眼裏變得重要的條件，同樣也可以使她們變成賢良的妻子。這種說法可真有效。

由前述的調查可知，大部分的女人都會把婚姻看成她們人生的首要「目標」。

所有的女人都一樣，希望她們的婚姻是幸福的——而且她們也希望自己的丈夫事業成功。那麼，是不是能夠找出一套基本的原則，來引導妻子達成這些目標？我想是有的。

在我主持卡內基婦女講習會（**包括人格發展、人際關係與說話技術的課程**）的工作裏，我接觸到各式各樣的婦女問題，也使我深深地感受到一個事實，即能夠成功地幫助丈夫的婦女，她們只是運用一些簡單的原則罷了。

本書就是要把這些基本原則整理出來，以使任何一位女士都能輕易地了解和應用。我儘可能使用我所認識的人的生活經驗，來描述這些規則，這些人有許多曾經是卡內基講習會的學生。書上所有的例子，都是真實而親切的故事。

我很感謝他們讓我說出他們私人的故事；我也很感謝一些傑出的男士和女士，包括許多企業家接受我的訪問，而且允許我節錄他們的談話。

有些讀者也許會得到一個錯誤的印象，以為我把一個幸福家庭的責任，完全放在女人的肩上。其實我認為男人也有著同等的責任。但是，這本書只是針對妻子方面的影響力來做探討的，說明她們應如何盡到自己的義務，做為婚姻的好幫手，而幫助她們的丈夫成功的一些方法。

「成功」這個字需要下個定義。我認為一個成功的男人，就是能從事於帶給他滿足感和成就感工作的人——此外，他和妻子與家庭，還要維持一個十分良好的人際關係。

社會學家、精神學家和其他專家們，可能會反對我所列出來的規則，認為這些公式並不能一概適用——如果丈夫是酒鬼、無業遊民、惡棍和天生的蠢材，那怎麼辦呢？

當然，不會有一種規則可以百分之百的一概適用。我是為一般的讀者而寫的，他們擁有一般的願望、才智和能力。特殊的個案必須由專家來處理。本書所描述的原則，大約可得百分之九十的效果——無論如何，都算是很高的比例了。這些規則都用簡單的方式說出，我的整個目的是，使這些規則盡量確實而有用。

我真希望能夠向你保證，如果你依照這本書上的建議規則去做，你就能夠幫助你的丈夫變成一個成功者。這種事情並不是不可思議的。

現在要聚積一大筆財富已經很難了，而且，當一個人爬得愈高，路也就變得愈窄，但是我卻可以向我的讀者保證：任何女人只要靈巧與明智地運用這些原則，她就可以減除掉許多障礙，使她的丈夫不再老是站在階梯下仰望，她一定可以發揮很大的力量，激勵她丈夫的潛能，使他在社會上發揮出最大的才華，成為她可以放心倚靠的、一個更加無憂無慮的幸福男人。

第一部
成功的第一步

第1章 幫他決定將來的方向

一九一〇年有兩個外地的年輕人，在紐約合租了一間廉價公寓。其中一個是戴爾・卡內基——一個來自密蘇里州玉米栽種區，是個未經世故的幻想家，就讀於「美國戲劇藝術學院」，另一個是來自麻薩諸塞州的鄉下孩子——惠特利。

戴爾告訴我，惠特利出身農家。他和其他窮困的鄉下孩子大不相同，因為他決心成為——猜猜看——一個大公司的大老闆。

惠特利最初在紐約找到的工作，是在一家大食品連鎖店當零售店員。他對工作充滿了幹勁，為了更了解業務狀況，便利用午餐時間到批發部門去幫忙。

他這樣做並不為了得到別人的感謝和額外的薪水；這事被該部門的主任知道了，不久有一個更好的工作出缺，主任就想到惠特利而把工作留給他。

隨著歲月的消逝，惠特利漸漸地爬了上去，從店員升為業務員——然後部門主管——地區性經理。期間不免會有失望和挫折，在一家公司服務多年之後，他感到自己已到了窮途，因為總裁一派在公司鞏固勢力，他就被排擠出來。

後來到另一家公司，他發現晉升的根據是年資——他知道他到死都無法成為決策性的高級職員，但是他一直沒有忘記自己的目標，當他變成「掬子包裝公司」的總裁時，終於達到了目標。

後來，他創設了「藍月乳酪公司」。

這個鄉下孩子當時曾對在那間討人嫌的無炊公寓裏的室友說：「有一天我要當一家大公司的董事長」，這句話並非是痴人說夢。他是在肯定自己的內在信念，為自己立下一個目標，藉以鼓舞自己一生中的每一個步伐。

為什麼他會轟轟烈烈地成功，而那麼多人都失敗了呢？他工作努力——可是別人也一樣努力。他只在工作閒暇時自修，所以學歷也不是問題的答案。重要的是他明白他的方向。當他加班，當他換工作，當他學習業務上的新枝節時——他的一切作為都是為了一個目的。

漫無目的人是不能成功的。他們茫茫然地找個工作、茫茫然地結婚、茫茫然地過活，痴心妄想地期望事情會改變，心裏卻沒有一個清楚的慾望和野心。

紐約新溫斯頓飯店的「轉職診斷處」的創辦人及指導人恩・約特女士，給不滿意自己工作的人提出參考意見。我花了好幾個下午和她討論失業的問題。她告訴我大部分上門求救的人，主要的問題是不明白自己的希求是什麼。她所做的第一件事，就是幫助他們找出自己心裏的希望和野心來。

因此，我也要說做妻子的所能協助丈夫的，便是幫他找出生活的目標是什麼，然後才能明確地協助丈夫奔往這一理想。

合著《婚姻指南》的賽門和伊瑟格琳，相信快樂的婚姻需要具有共同的理想。至於理想是什麼並不重要——一幢新房子，一趟歐洲之旅，或是一個大家庭……共同分享一個理想才是重要的。

「重要的是……」他們說：「必須先有一個目標，然後盡力使它實現，快樂、情趣、參與感是由構思、幻想和希望之中得之，從共享勝利與失望、成功與失敗之中得之。」

堪薩斯州威基塔東街的威廉・葛理翰夫婦，他們之所以獲得人生的成功便是因為這個道理。

在威基塔，「威廉・葛理翰油料公司」是個很賺錢的公司，負責人威廉・葛理翰便是決策者。當他還只十多歲時，已經可以從油料經營和投資中賺得可觀的利潤，他和夫人瑪麗因此擁有許多令人羨慕的人生財富：六個健康的孩子、漂亮的房子、成功的事業——這一切他們仍能以未來的歲月去享受。

我認識威廉・葛理翰多年，當我請教他成功的最大因素時，他回答說：「長程計劃的協調作業。」他們夫婦倆結婚不久之後，便開始做賺取佣金的房屋不動產買賣。

除了希望成功和埋頭工作之外，別無其他後援，他們的辦公室是借用一幢辦公大樓的廢棄通道的一角，瑪麗在這裏負責聯絡，威廉便到處找生意，開始的時候，業務進展很不順利，這對年輕的夫婦時常苦於三餐無著落。

當業務有了轉機之後，他們便自己買房子再脫手賺一筆。然後，自己再另行蓋房子。這時他們經營狀況變好了，但威廉覺得自己精力充沛，應另謀新的發展。經過幾次家庭會議，他們覺得石油生意最理想，他們渴望業務成長與變革的機會和挑戰性。這是「威廉・葛理翰石油公司」誕生的經過，這個公司一直是非常成功的實例。目前威廉正想另謀新發展，他和瑪麗正考慮國外投資，而一旦他們決定，他們便會努力讓它實現。

當他們為自己訂定計劃和選擇目標時，葛理翰夫婦時常考慮到威廉所受過的訓練、能力和性情。瑪麗說，威廉一旦實現了一項計劃，他必會另尋一個挑戰性的難題，避免自己失去幹勁，由於有這種觀念，他使生活充滿了挑戰和成就感。

葛理翰夫婦的成功，是一個由訂下計劃，實行計劃，而直達目標的證明。沒有人能夠不經瞄準便命中成功的靶心，瞄準目標，即使我們會有一點偏失，但是這樣至少比我們閉上眼睛盲目射擊更接近靶心。

已故的哥倫比亞大學名教授狄恩・海伯特赫基斯說：「混亂是憂慮

的主因。」

混淆不清不只是憂慮的主因——它是成功的最大絆腳石。因此幫助先生出人頭地的第一步，便是鼓勵他們為生命找到重心，立下一個目標。

成功對你的先生及對你的意義是什麼，它意味的是——財富？名望？安全感？權力？服務社會？滿意的工作？

這正是你和你的先生應該深思的一些問題。因為成功的意義是因人而異的。找出成功對你的意義是什麼，以決定你生命的目標！

做妻子的應該徹底了解先生的目標，如果她要幫助他達成那些目標的話。不幸地，卻有許多例子告訴我們，當雙方都有所準備打算開始時——卻發現彼此的方向背道而馳。

假如你先生知道自己的志向，不要以為這就夠了。你也應該參與他那遠大的計劃。「**相愛並不是雙目對視——而是與對方朝同一個方向看。**」我不知道這句話是誰說的，但它的確是給有進取心的夫妻最好的忠告。

成功的第一步是——「幫助你先生決定他的目標！」

第2章 當一個目標達到了再訂下一個

尼克・亞歷山大最希望的是上大學。他是在孤兒院長大的——那是一種老式的孤兒院，孩子們從早上五點一直工作到日落，伙食既粗劣，又不夠。尼克是個聰明的小孩——太聰明了，因此十四歲就從中學畢業。以後，他投入社會，自力謀生。

他最初找到的工作，是在一家裁縫店裏當縫衣匠。十四年來，他一直在那工作；接著，那家裁縫店加入了工會。工資提高了，工作時間也縮短了。

同時，他很幸運地娶了一個女孩，她願意幫助他實現上大學的夢想。但事情並不容易。在他們結婚之後不久，也就是一九二二年，店裏開始裁員，於是他們這對年輕的夫婦決定自己去闖天下——把他們的存款聚集起來，開了一家「亞歷山大房地產公司」，在賓州亞頓市西普洛維達斯街一百號。

尼克的太太麗莎，甚至把她的訂婚戒指也賣掉了，以便增加他們那筆微薄的資本。

兩年之間，生意興隆，於是麗莎堅持尼克去上大學。終於，他在卅六歲的時候得到了學位——這是他在人生道路上抵達的第一個里程碑。

尼克就再回到房地產事業來——這次他是他太太的生意夥伴。他們又有一個新目標了——在海濱建築房子。終於，那個夢想也實現了。

他倆就這樣坐下來享受了嗎？不！他們有一個小女孩要教育。如果他們能把他們商業大樓的分期付款繳清，把大樓變成公寓出租，收入的租金就能用作孩子的大學費用了。因為一心一意要達到這個目標，最後，他們當然又達成了這一目標。

亞歷山大太太告訴我，他們目前在為他們的退休金努力了。現在尼克單獨主持事業，麗莎則退居第二線照顧家裏。

亞歷山大夫婦過得忙碌而幸福，因為在他們的面前，總是有一個目標，引導他們去努力。他們已印證**蕭伯納**這句話的真理：「我厭棄成功。

所謂成功就是意味著在這世上已沒有自己可做的事了。正如雄蜘蛛一旦授精完畢，立即被雌蜘蛛刺死。**我喜歡不斷地進步，目標永遠在前面，而不是在後面。**」

許多人終其一生只是醉生夢死，他們沒有真正的目標，而只活在一度空間，過一天算一天。那些從人生中收穫最多的人，都是警覺地等待著機會，機會一來就馬上攫取，他們都有個明確的——目標。

在長程的計劃上，最好是把每五年劃分為一個階段去求實現。你可以這麼計劃——在五年之內，吉姆就可以拿到他的大學文憑，準備好升遷；在十年內，他就可以升為小主管了……等等。

引用一位太太所說的話：「我希望我丈夫永遠不會感到自我滿足而停頓下來。我們結婚五年來，每一年都有一個目標——首先，是他的學位，接著是進修課程，然後是一年的自由投稿工作，現在是他自己的事業。一等到他告訴我，他的錢夠了、教育夠了、經驗夠了，我知道那就是我們蜜月終了的一天了。」

「不論你做什麼事情，千萬別忘了最終的目標，那麼你就不會失去什麼了。」

一個目標達到之後，馬上再立下另一個目標，這是成功的要訣。因此，人生要不斷地追求新的目標，再一一達成。

第3章 使丈夫對工作保持熱情

已故的佛尼德利・威爾森，曾任中央紐約鐵路公司的總裁。有一次他在廣播的訪問中，被問及如何才能使事業成功，他回答：

「我深切地認為，人生的經驗越多，對事業就會越認真，這是個容易被人忽略的成功秘訣。成功者和失敗者之間的聰明才智，差別並不大。如果兩者的實力不相上下的話，對工作較熱忱的人，一定比較容易成功。一個雖無實力但富有熱誠，和一個雖具實力但不熱誠的人相比，前者的成功也往往會勝過後者。

「所謂富有熱誠的人，是不論他的工作是挖土、是經營大公司，都會認為自己的工作是一項天職而熱愛它。對自己的工作熱誠的人，不論工作有多困難，或需要多大的磨練，他始終會用不急不躁的那種從容態度去進行。只要抱著這種態度，任何人都不怕無法達成目標。**愛默生說過：『有史以來，任何一個偉大的事業，沒有熱誠不是而成功的。』**——其實，這不是一段單純而美麗的話語，而是邁向成功之路的指標。」

如果讀了本書，除了只體會到對工作具有熱誠是最重要的事，此外沒有其他所得的話，也沒有關係；光是這一點，就足以幫助你的丈夫邁上成功之道了。

因為對工作熱誠，是一切希望成功的人——不論是創造傑作的藝術家、賣肥皂的人、圖書館的管理員、或追求家庭幸福的人，所必須具備的條件。

熱誠（enthusiasm）這個字眼，源自希臘語，意思是「受了神的啟示」。對工作抱有熱誠的人，具有無限的力量。耶魯大學最著名最受歡迎的教授之一威廉・費爾，在他那本富啟示性的《工作的興奮》中寫著：

「對我來說，教書凌駕於一切技術或職業之上。如有熱誠這回事，那麼這就是我的熱誠了。我的熱愛教書，正如畫家的愛好繪畫、歌手的酷嗜歌唱、詩人的醉心寫詩。每天起床之前，我就興奮地想著有關學生的事……人之所以能夠成功，最重要的因素就是對自己每天的工作，始終抱著熱誠的態度。」

因此，你必須幫助丈夫培養對工作熱情的習慣。你也許會問我：「那要如何培養呢？」我準備在下一章告訴你方法。不過——你必先使你丈夫認清自己的工作，抱著熱情的態度，是一個相當重要的觀念。

你不妨告訴你的丈夫，任何一位事業的老闆都知道僱用熱誠的人的重要性，也知道這種人難能可貴。汽車大王亨利・福特說過：「我喜歡具有熱情的人，他一熱情，就會使顧客也熱情起來，於是生意就成了。」

「十分錢連鎖商店」的創辦人查爾・華爾華斯也說過：「只有對工作不熱情的人，才會到處碰壁。」

查理士・考伯則說：「不論對任何事都熱情的人，做任何事都會成功。」

當然，這也不能一概而論的。譬如一個毫無音樂細胞的人，不論如何熱中和刻苦努力，都不可能變成一位大音樂家。話說回來，凡是具有必備的才氣，有著可能實現的目標，並且極具熱誠的人，做任何事情都會有所收穫，不論物質上或精神上都一樣。

即使需要高度技術的專業工作，也需要這種熱誠。偉大的物理學家亞皮爾頓．愛德華曾協助發明雷達和無線電報，也獲得了諾貝爾獎。時代雜誌引用過他一句發人深省的話：「我認為一個人想在科學研究上有所成就的話，熱中的態度遠比專門知識來得重要。」

這句話如果出自普通人之口，可能被認為是傻話，但出自像愛德華這種權威的人物，意義可就深長了。如果在科學的研究上，熱中都這麼重要，那麼像我們丈夫那麼普通的職員，豈不是更需有高度的熱誠呢！

關於這點，我們可以引用著名的人壽保險推銷員法蘭克．派特的一些話加以說明。

他那本《我如何在推銷上獲得成功》，在銷路上，突破以往任何一本有關如何推銷的書籍的記錄。

以下是他的著作中所列出的一些經驗之談——

「當時是一九〇七年，我剛轉入職業棒球界不久。當時我受到空前未有的最大的打擊——因為我被開除了。球隊的經理因為我的動作不起勁，有意要我走路。他對我說：

『像你這樣慢吞吞的，好像是在球場混了廿年的老手一樣。老實跟你說，法蘭克，離開這裏之後，無論你到哪裏做任何事，若不打起精神的話，你一輩子都不會有希望的！』

「本來我的月薪是一百七十五美元，走路之後，我到賓州參加了亞克蘭斯克球隊，月薪減為廿五美元。薪水這麼少，做起事來當然沒有熱情，但我決心努力試一試。待了大約十天之後，一位老隊員名叫丹尼・米亨，把我介紹到柯萊幾卡的新凡去。在新凡的第一天，我的人生有了一個新的契機，使我至今印象深刻。

「在那個地方沒有人知道我的過去，我決心變成新英格蘭最具熱情的球員。為了實現這點，當然必須採取行動才行。我一上場，就好像全身帶了電。我強力地投出了快速球，接球的人雙手都麻木了。

「記得有一次，我以猛烈的氣勢衝到三壘，當時那位三壘手嚇呆了，球便漏接了，我也盜壘成功了。當天氣溫高達華氏一百度，我在球場奔來奔去，極可能因中暑而倒下。

「這種熱情所帶來的結果，真令人吃驚，它衍生了下面三個作用——

一、我心中所有的恐懼完全一掃而盡，而發揮出意想不到的技能。

二、由於我的熱情，也帶動其他的隊員熱情起來。

三、我沒有中暑；在比賽中和比賽後，我感到從沒有如此健康過。

「第二天早晨，我讀報的時候興奮異常，報上說——『那位新進的派特，無異是個霹靂球，全隊的人由於他而興奮到底。他那一隊不但贏了，而且做了本季最精彩的一場比賽。』

「由於熱誠的態度，我的月薪也由廿五美元直升為一百八十五美元，加了七倍。後來的兩年裏，我一直擔任三壘手。薪水加到到三十倍之多。為什麼呢？只是因為我的一腔熱誠，再也沒有別的原因了。」

但後來，由於派特的手臂受傷，不得不放棄棒球生涯。接著，他到飛特利人壽保險公司當保險推銷員。可是一年多的時間都沒有什麼成績，因此他很苦惱。但他後來，又變得熱中起來，就像當年打棒球的經歷那樣。

目前，他已是人壽保險界的紅人。不但不時有人請他撰稿，還有人請他演講自己的經驗。

他說：「我從事推銷已經有三十年了，我見到許多人由於對工作抱著熱情的態度，使他們的收入成倍數地增加起來。我也見到另一些人，由於缺乏熱誠，而到處碰壁。我深信唯有熱情的態度，才是成功推銷的最重要因素。」

如果熱情對任何人都能產生這麼令人瞠目的效果，那麼對你丈夫當然也應該有同樣的功效。

從上面所提到的那些人看來，可以得到如下的結論，熱誠的態度，是做任何事的必需條件，請你務必使你的丈夫深信此點。任何人只要具備了這個條件，他的事業必會飛黃騰達。

樂隊指揮鮑勃・克勞斯貝的兒子，曾被問及他的父親和他的叔叔克勞斯貝每天的生活情形。他回答：「他們始終都在愉快地工作。」

「那你長大之後希望怎樣呢？」好奇的人又問他。

「也是愉快地工作。」這位年輕的克勞斯貝毫不遲疑地回答。

對工作熱誠有勁的人，都是愉快地工作著。

如果你希望自己的丈夫平步青雲，從今天開始，就應該使他確立對工作認真的觀念，即是熱誠態度的重要，再幫他實行下一章的六個方法。

第4章
提高熱忱的六種方法

我深知這六個規則很有效，因為我看過它們一次又一次地被應用成功的例子，所以不妨請你的丈夫也來試試看，保證可以提高他的熱忱。

1・學習每件你所負責的工作

許多人都會覺得自己只是依附一部巨大的、毫無人性的機器上的一個齒輪，因為他並不知道自己負責的工作的重要性——同時，也由於他本身除了別人要他天天去做的工作以外，並不想學習其他任何有關的事情。

知道這個古老的故事嗎？有人問起兩個一起工作的泥水匠，他們正在做什麼，其中一個回答：「我正在砌磚。」而另一個則說：「我正在建造一座大教堂。」

充分解釋一件工作或是產品，可以增進熱心。名記者M·泰貝兒說過，她有一次費了好幾個星期，去為一篇五百多字的文章蒐集大量的資料——雖然事實上，她只用了資料的極小部分。因為她認為那些沒有使用上的資料將會增加她的實力——由於她所知道的比寫這篇文章所需要的更多，所以她下筆起來就更輕鬆、更有信心，且更具權威。

班傑明·法蘭克林在小時候就已懂得這個秘訣。那時候他在一家臭氣沖天的肥皂工廠裏打雜。由於他努力地學會了整個製造程序，所以他雖然對成品所做的貢獻十分微薄，卻也感到相當自得。

工廠常要把產品的製造過程教給推銷員，雖然這些訓練在販賣給老主顧的時候很少派上用場。但是對自己的產品全盤了解，有助於推銷員對顧客推銷時，能夠更有權威和熱心——也造成了更好的銷路。

任何事我們知道得越多，就會越對它有強烈的熱心。所以如果你的丈夫對他的工作不夠熱心，便該找出它的原因。很可能就是因為他對自己的工作知道得不夠——或是不了解自己對整個工作所做的貢獻。

2．訂出目標，耐心完成

一個人必須確定他的目標，如果他立志要成功的話。首先他必須知道他正在為什麼目標而工作，然後他才會像一隻鬥犬追逐貓兒那樣地緊追不捨。一個知道目標的人，就不會因為挫折和失敗而洩氣。

班傑明．法蘭克林曾經說過：「讓每個人確定他的工作或職業，然後耐心地做好它——如果他想成功的話。」

英國詩人賽彌爾．雷基是個最該聽取這個勸告的人。他所遺留給後代的詩作大部分都是未完成的。他把自己的才華分散得太瑣細而浪費掉了。他生活在一個夢幻的世界裏。他常常幾乎可以完成一些事情，但是他從沒有完成過。

在他死後，查理士．蘭姆寫信給他的朋友說：「雷基死了，據說他留下了四萬多字有關行而上學和神學的論文——但沒有一篇是完成的！」

和你的丈夫討論他對於未來的希望，以幫助他釐清他的目標和野心，鼓勵他嘗試完成明確的目標，而不要做那些不著邊際、遙不可及的幻夢。

3・每天都要勉勵自己

也許有些孩子氣，但很多成功的人士都發覺這個方法是個很好的「熱心建立法」。新聞分析家卡特本說過，當他年輕而毫無見識的時候，在法國挨家挨戶推銷東西時，每天出發以前，都要先對自己說一番勉勵的話。

魔術大師瓦特・沙斯頓常常在他上台前大聲喊道：「我愛我的觀眾！」一次又一次，直到他的血液在靜脈裏沸騰起來；然後才走到舞台上，呈現出一次充滿活力和愉快的表演。

大部分的人都在昏昏沉沉的狀態中生活。為什麼不在每天一早對自己說：「我熱愛我的工作，我將要把我的潛力完全發揮出來。我很高興這樣活著——我今天將要百分之百地過這一天。」

4・養成服務的人生觀

亞里斯多德提倡「利己主義的進化」。這對每個一心向上的人都是好方法。

一個為自己的工作者，一隻眼睛注視著時鐘，另一隻眼睛則注視著他的薪水袋，這樣的人必定很沒幹勁、很懶，而且不會成功。

服務別人會引起自己的熱情——許多有能力的人從事低薪的社會服務和傳教工作，而不去選擇比較利己的職業以賺取更多的錢，這就是例證。

自我本位主義者，也許一時佔了些便宜，但若以長遠的眼光來看，還是終歸失敗。周圍有人伸出手來援助我們，比之有人伸出腳來絆倒我們，不知幸福多少。

5・結交熱心的朋友

愛默生說：「我最需要的是有個人來激發我的勇氣，使我做我能做的事。」

換句話說，就是——**鼓勵**！

我們沒有辦法控制我們丈夫的工作環境——但是我們可以找到足以刺激丈夫更有創造力的思考和朋友。

如果你想要你丈夫散發出熱力，就讓他生活在對事情很機警、有幹勁而且清醒的朋友的影響之中。每一個團體都有這種人——把尋找這種人做為你的職責，並且幫助丈夫和他們交往。然後注意著這種交往在他身上引起了多少變化，而引發出他的理想。

還有一些相對的建議——是派西・懷登在《推銷的五大原則》書中所提出來的有價值的勸告：「避免和那些悶悶不樂、缺乏熱心、做事慢半拍的人交往！」

6・強迫自己熱心工作，你將會變得很熱心

這不是我的主張，威廉・詹姆斯教授在我還未出生之前，就在哈佛大學闡揚這個哲學了。

詹姆斯說：「如果你想要某一種情緒，你就要像你已經有了這種情緒那樣行動起來，而假裝你已經有了這這種情緒，就會使你真的擁有這種情緒，所以，如果你想要幸福，就幸福地工作；如果你想要痛苦，就痛苦地工作；如果你想要熱心，就熱心地工作。」

法蘭克・派特是《我如何在推銷上獲得成功》一書的作者，他說一個人

可以應用這個原則來改變他的一生，顯然他是深諳此理的——這是他自己的經驗。

《摘要》

邁向成功的第一步——

一、幫助你丈夫確立目標，並助他向這個目標努力邁進。

二、當一個目標達成了，再訂下一個；以五年為一個階段來計畫和實施。

三、把熱心的重要性告訴你的丈夫，告訴他——他的工作可以為別人做什麼，以及可以為他自己帶來什麼。

四、鼓舞他應用以下六個方法引發出他的熱心——

1．盡力學會有關他工作上的每件事。

2．建立一個目標並耐心地完成。

3．天天為他打氣加油。

4．建立服務的人生觀。

5．和熱心的人士交往。

6．請他試著熱心地行動，而他將會變得很熱心。

第二部
激勵丈夫的基本功

第5章 學習有效的傾聽

一九五〇年十二月，皮爾‧瓊斯在芝加哥從五樓頂跳下來自殺。他跳樓的原因是由於憂鬱和害怕。他那曾經十分輝煌的事業，因為他擴展得太快而遭到了危機，債權人正在催逼他，他的許多支票在銀行裏都無法兌現。

最糟的是，他無法向太太啟齒說明這場災難，因他太太一向以他的成就為榮，因此他沒勇氣告訴她這些事，他害怕這些殘酷的事實，會使她從幸福的天堂跌入羞恥和絕望的深淵中。

於是，他被困境逼到了他自己倉庫的屋頂。他猶豫了一下，然後就跳了下去。他跌下時，衝破二樓窗上的遮陽棚，而跌落在人行道上。

以常識來判斷，他是沒指望了；但是，使人不敢相信的是，他受到的最大傷害只是摔破了大拇指的指甲！最可笑的是，他所摔破的遮陽棚，是他所擁有唯一完全付清款項的財產。

等他意識恢復過來，發覺自己還活著時，心理十分慶幸。和這個奇蹟比起來，他從前的麻煩都不再是嚴重的了。五分鐘以前，他還覺得他的生命一無是處——現在他為活著而感恩。他趕忙回家把整個事情說給太太聽。

他太太一陣驚慌——但只是因為他從沒有把他的麻煩告訴她而已。她坐下來開始想辦法為他解除危機。幾個月以來，皮爾·瓊斯首次可以放鬆心情去做一些正確與具建設性的積極思考。

現在的皮爾·瓊斯在穩定的腳步下，有了一個成功的事業，不再有無法付款的債務了。更重要的是，他已經學會了和太太一起面對困難。當時，皮爾·瓊斯只因為不知太太也能和他一起渡過難關，而丟了自己的生命！

皮爾·瓊斯的故事告訴我們，如果丈夫不信任自己的太太，不能完全算是太太的責任。有些男人，譬如皮爾·瓊斯，覺得讓事業上的憂慮來麻煩自己的太太是有傷男人的自尊。男人想帶給太太所有美好的東西，想成為一個把成功的榮耀和上等的皮草大衣帶回家的大男人。

當事與願違的時候，他們想盡辦法隱瞞事實，以免妻子的小腦袋裏裝滿驚駭與不安。他們恥於承認自己是有弱點的。他們從沒有想到，讓他們的太太一同來解決這些難題，才是聰明的。

可是，更常看到的是，一些男人很想把他們的困擾向太太傾訴，但是太太們都不想或不知道該如何去傾聽。

一九五一年秋天，富比士雜誌刊出了一篇《現代企業家夫人評論》的調查報告。他們引述一個心理學家的話說：

「一個妻子所能做的一件最重要的事情，就是讓她的先生把在辦公室裏無法發洩的苦惱都說給她聽。」

能夠盡到這個職責的妻子，被評讚為是「安定劑」、「共鳴板」、「哭牆」和「加油站」。

這個調查研究也指出，男人要的是主動、靈巧的聽眾，他們不需要聽勸告！

任何一個曾經在外面工作過的女人，都可以了解到，如果家裏有個人可以傾吐這一天所發生的事，不管是好的或是壞的，都是很值得安慰的。

在辦公室裏，常常沒有機會對發生的事情發表意見。如果我們的事情特別順利，我們也不能在那兒開懷高歌；而如果我們碰到了困難，我們的同事也不想聽這些麻煩事——他們已有太多自己的困擾了。結果，當我們回到家，我們覺得自己內心的積鬱必須一吐為快。

通常的情形是這樣的：傑克雀躍不已的回家來，有點上氣不接下氣地說道：「老天！梅兒，這真是個偉大的日子！我被叫進董事會裏去告訴他們有關我所做的那份區域報告，他們要我把建議說出來，所以……」

「真的嗎？」梅兒隨口應著，一副心不在焉的樣子：「那真好！親愛的，我有沒有告訴過你那個早上來修火爐的人？他說有些地方需要換新了。吃過飯後，你去看一下吧！」

「當然，蜜糖。噢，我剛才說的，這是老蘇洛克蒙頓要我向董事會說明的。起初我有一點緊張，但很幸運的！我引起他們的注意了。甚至連比理斯都深受感動。他說……」

梅兒：「我常說他們並不夠了解你重視你。傑克，你必須和老么談一談他的成績單！這孩子今年的成績太糟了，他老師說如果老么肯加強的話，一定可以唸得更好。可是我實在想不出有什麼好方法！」

到了這時，傑克發現他在這場爭奪發言權的戰爭之中，已經失敗了。於是，他只好把他的得意一股腦兒吞到肚子裏，然後做完有關火爐和老么成績單的指定任務，就悶聲不響了。

梅兒難道自私的只想要她的問題有人聽就好了嗎？不是的；她和傑克同樣都有想找個聽眾的基本要求，可惜她把時間搞錯了。其實她只要全心全意地聽傑克訴說在董事會裏所得的賞識，傑克就會在自己盡興之餘，很樂意地聽她大談家事了。

擅於聽講的女人，不僅能夠給自己先生最大的安慰和紓解——她也同時擁有了一個無法估價的社會資產。一個沉著、真誠的女人對別人的談話能專注，適時所發問的問題顯示出，她已經把談話中的每個字都領會了，這種女孩子最容易在社會上成功，不只是在她先生的朋友圈中成功，而且也會在她自己的閨密中深受歡迎。

才氣縱橫的狄克・杜摩里，把一個懂得禮貌的男人描述成「當他自己最清楚了解的事情，被一個完全不懂的門外漢說得天花亂墜時，他仍舊很有興趣地傾聽著。」女人也適合於這個原則。

一個擅於傾聽的人，事實上有時候也會被一些嘮嘮叨叨的人搞得煩死了。但是，通常善於傾聽的人將會獲得許多知識。

女演員瑪娜・羅伊在一篇寫給紐約前鋒論壇報的文章裏，寫到當她接任聯合國教育、科學和文化組織代表的工作以後，「**傾聽和學習**」就成為她的口號了。

她說，與來自不同國家的許多代表談話，使她大大地增加對那些國家的問題的了解。

羅伊小姐解釋說：「有許多時候，你也必須在談話中忍受無聊的話題及想開口的衝動，但是我覺得被認為是一個好聽眾，總比喋喋不休令人生厭的情況不知要聰明多少呢！」

那麼，怎樣才能真正成為一個「好聽眾」呢？

至少要具有下列三個條件——有三件事是好聽眾所必須做到的：

1・用眼睛、臉及身體，而不只是耳朵

專心的意思是一切機能的集中。試試看對那些把眼睛東張西望、把手指頭輕敲著椅子、以及把身子側對著你的人解釋某件事！如果我們真正專心地聽別人說話，我們就會在他說話時望著他，身子會稍微向前傾著，臉部會有表情變化的反應。

瑪麗・威爾森是魅力的權威，她說：「如果聽眾沒有什麼反應，很少人能夠把話講得好。所以當說話者打動了你的心，你就應該動一下身體——就像你心裏的一根弦被震動了，你該稍微改變一下坐姿。」

如果我們想要成為好聽眾，就必須顯得我們好像很感興趣——我們必須訓練我們的身體的靈活機敏。請你注意看看那隻在洞外守候老鼠的貓的表情，牠是你最好的老師。

2・發揮誘導對方答話的詢問

所謂誘導對方答話的詢問，就是一種把詢問人所期待的答話，巧妙地向

對方暗示的技巧。單刀直入地詢問，有時顯得莽撞、無禮而惹人嫌惡，但是誘導性的問題則可以刺激談話，並且繼續推動話題。

「你怎樣處理勞工和主管的問題？」是一個單刀直入的問法。

「史密斯先生，你難道不覺得讓勞工在某些範圍裏，與主管獲得相互的妥協是很有可能的嗎？」則是一個誘導性的問法。

誘導性的問話，是任何一個想要成為好聽眾的人所必備的技巧條件。如果要聆聽丈夫的談話，而且看起來並沒有提出他所不想要的勸告，這個作法也是一個不會失敗的技巧。

我們只要像這樣發問：「親愛的！你認為做更大的廣告可能會增加你的銷路，或者是一種冒險呢？」提出這樣的詢問並非正面的勸告，但是常常會得到想要的結果。

當我們碰到一個陌生人的時候，正確的發問方法是克服羞怯，或打破沉悶的絕佳工具。人們談到天氣、棒球和談某某人的疾病，總不若談自己的想法來得忘我，一個想法可以引導出另一個想法。

3・永遠不可洩露秘密

有些男人從不和妻子討論事業問題的原因是：因為這些男人無法信任太太，難保她不會不把這些事情洩露給她的朋友或美容院的人知道。他們講給太太聽的每件事情，一從她們的耳朵進去就要從她們的嘴巴出來。

「我家約翰希望在維基先生退休以後，坐上公司的經理位子。」

這是在橋牌桌上隨便溜出口的話，但是第二天就有人打電話給維基的太太了——於是，可憐的約翰就在完全不知道其中原故之下，被暗中排擠掉了。

有一個總經理就告訴過我說，他在家裏談論公司裏的問題，竟也會瘋傳到使他的部屬喪失信心。

「我很討厭在超級市場或雞尾酒會裏大談公事。那些女人真是太多嘴了！」

甚至還有一些女人會搬出丈夫說過的話，好在爭論中打垮他！

「你自己親口承諾過，你明明說今年不換車子，結果你卻換了——而現在你說我浪費太多錢去買衣服。難道只有我奢侈嗎？」

像這樣的場面多發生幾次，這位妻子就別想再從她先生那裏聽他大談處理業務失誤的困擾了。她先生將會發現一個事實：看清楚自己只不過是給了太太太太一些把柄，來打倒自己而已！

要成為一個能了解心事、善於聽話的人，做妻子的並非連丈夫極細微之事都要知道；例如丈夫是製圖人員，他並不希望妻子連製圖的方法也會知道。他只要妻子對他做的工作感到興趣，在他發生困難時能給予同情，並且能時時關心，那就可以心滿意足了。

我所認識的一個會計師，娶了個女人，她對於會計的了解，就像我對於分子的理論那樣一竅不通。但是我的朋友卻說：

「甚至在我公司裏發生極技巧性的問題，我都可以向她說個痛快，而她似乎都很直覺地領悟了。回到家裏，坐到她的身邊，我知道她將會同情且有耐性地聽我講話，這是多麼奇妙而幸福的事！」

真的，一對敏感而訓練有素的耳朵，將會使女人更加可愛，使她有一個比特洛伊城的海倫還要美麗的臉孔——而且也為她的丈夫帶來莫大的益處。

好聽眾的三個條件——

一、用臉部表情和身體姿勢，來表達你正在傾聽對方的話。

二、學習以適當的方式詢問。

三、永遠不要洩露秘密，以免失去他對你的信賴。

第6章 你所嫁的兩個男人

查斯特・威爾德說過：「任何一個人，事實上都是兩個人，一個是他真正的自己，另一個是理想中的自己。」

如果一個人本來是怯懦的，他就想要勇敢些；如果他沒有人緣，他就想要變成受人歡迎；如果他缺乏自信，他就渴望成為毫不畏懼的人。

妻子的職責就是幫助先生成為他理想中的那個人。不要挑剔他，也不要拿他來和隔壁的某某人相比，更不要去逼他工作過量，應該溫柔地鼓勵和讚賞、為他加油打氣。

瑪麗・威爾森寫道：「當男人受到妻子的讚美，當他們聽到了，『你真了不起！我很以你為榮！真高興你是屬於我的！』這種話的時候，幾乎是沒有人不會意興風發的。」

許多傑出的男人都可以證明這種說法的真實性。例如鮑伯・派克斯先生，他擁有派克斯貨運，住在田納西州洛克斯維里城的西狄柏街二〇九號。

派克斯先生在寫給我的信中說道：

「我確信一個男人不但可以成為他理想中的人，而且也可以成為他太太所期望於他的人。多年來，我用過許多人，但是在我和他們的太太談過話以前，我絕不會把一個責任重大的職位交給他。妻子的處世，以及她熱心鼓舞她先生的士氣到如何的程度，可以決定一個男人在事業上的成敗。

「我自己就是一個很好的例子。

「我太太在嫁給我以前真是要什麼有什麼——雙親寵愛、受過良好教育、家庭富裕美滿。我沒有錢、只受過很少的教育、沒有什麼可以運用的資產——除了有個想要闖天下的慾望，以及她對我的信心與信任之外，我可說是一無所有。

「在我們婚後頭幾年的困苦日子裏，當我面對著失敗與挫折而奮鬥的時候，她的體諒和不斷的激勵，鼓舞著我繼續衝刺。

「在我的生命中，如果有了什麼成功，都是由於妻子始終如一的支持和協助。過去幾年來，她患了重病，但並沒有因此而消極；她的第一個想法仍然是要幫助我。早晨我離家的時候，她從不會忘了問我：『鮑伯，今天有沒有什麼事，要我替你辦？』當我回家的時候，她就要聽聽我這一天的情形。我祈禱著我永遠不會令她失望！」

不幸的是，不是每個女人都像派克斯太太；她們只是一味想要自己的丈夫超過本身的能力範圍，馬上搖身一變而為她們想像中的樣子。這種女人愛慕虛榮、夢想財富、開新車子、穿高貴的衣服、加入一流的俱樂部，於是她們的丈夫就永遠沒有滿足她們的時候了。

使男人進步的方法，並不是要求他，而是鼓勵他。

我們應該怎樣鼓勵一個男人，使他成為理想中的樣子？要不吝於給他勉勵和讚賞——**要找出他的特長，並幫他發揮出來。**

如果他缺乏自信心，我們可以提醒他曾經做過那些需要勇氣的事情：「記得那一次你告訴老闆，如何在你的部門裏減少浪費的事嗎？那真需要很大的勇氣——真了不起，你做到了啊！」

連最怯弱的米開斯特，也會拿出更多的勇氣去努力，如果有個女人向他表示他是鎮靜而且能幹的話。甚至他還會覺得實際上他自己是比表現出來的更勇敢——於是他將會這樣地行動起來。

這種技巧難道不會比告訴他：「我不知道你為什麼從來都不能替自己講話，你甚至不敢對那小貓小狗說一個『哼！』字。」要來得更好嗎？尤其是在他的野心要比向一隻小動物說一聲哼更大的時候。

「做妻子的永遠不可以對丈夫說：你失敗了！」瑪格麗特在寫給四海雜誌的一篇文章裏如此勸告我們：「如果他真的失敗了，他的老闆將會毫不遲疑地告訴他，但是在家裏，在用餐，在床上時，我們應該勉勵他，說他是能夠成功的。向丈夫說：你無論如何也不會成功了！只會使這句話更快實現罷了。」

完全是真的！而相反的——一個女人明智地說出一些經過選擇的話，可以改變一個男人對自己的整個評價，使他的人生觀煥然一新。

湯姆・鍾斯頓住在曼徹斯特城的蒙特街三百號，是個年輕的二次大戰退伍軍人。他在戰爭中受了傷，一條腿有點殘廢，而且疤痕累累，幸運的是，他仍然能夠享受他最喜歡的運動——游泳。

在他出院以後不久，有個星期天，他和太太在罕布頓海灘渡假。做過簡單的衝浪運動以後，湯姆先生在沙灘上享受日光浴。不久，他發現遊客都在盯著他。從前他沒有在意過自己滿是傷痕的腳，但是現在他知道這條腿太惹眼了。

又一個星期天，他太太提議再到海灘去渡假，但是被他拒絕了——說他不想去海灘而寧願留在家裏。他的太太卻有不同的看法：「我知道你為什麼不想去海邊，湯姆，你開始對你腿上的疤痕產生錯覺了。」

湯姆先生說：「我承認了我太太的話，然後她向我說了一些我一輩子也不會忘記的話。這些話使我心裏充滿了喜悅，而和她到海灘去。她說『湯姆，你腿上的累累疤瘡正是你勇氣的徽章。你光榮地贏得了這些疤痕，怎麼會想把它們隱藏起來呢！要記得你是怎樣得到它們的，而且要堂堂皇皇地帶著它們。現在走吧，我們一起去游泳。』」

湯姆去了，他知道他太太已經除掉了他心中的陰影，他將會有更光明的開始。

某年的春天，波士頓商會的營業經理俱樂部，主辦了一個有關推銷術的課程，為期五個晚上，大約有五百名推銷員和營業人員參加。她們欣賞了一個特別的節目，告訴她們一些去鼓舞她們丈夫變得更智慧，而得到更好的業績的方法。

其中有一位演講者是大衛・包爾博士。他是營業顧問，西爾斯協會會長，而且是《邁向新生活》一書的作者。

他勉勵每一位太太在每天早晨送她先生出門時，務必使她先生能信心十足而且愉快地吹著口哨，如果她希望先生提高銷售效果——以及帶回家的薪水。怎麼做呢？讓他覺得他已經成為他理想中的那個人了。

「對他說，他多麼瀟灑——即使他對服裝的品味都早已落伍了。讚美他所喜愛的領帶的花樣。恭維他的風度，而不要提起前天晚上在宴會上失態的事。告訴他，你知道他正要去征服所有的顧客——如此他一定會真的做到的！」

如果像包爾斯博士這種傑出的營業顧問，都相信這種方法是有效的，那麼你我為什麼還不試試看呢？無疑的，我們將要獲得——更快樂和更熱心的丈夫——是非常值得去努力的。社會上很多由敗部神奇復活的例子，也都是由鼓勵而產生的、由一些讚賞的話而造成的。

很誇張嗎？再看看艾利・卡柏森的例子，他是個傑出的橋牌專家。有一次他告訴我的丈夫，他在一九二二年剛來到美國的時候，嘗試做過很多事情都完全失敗了，那時他甚至是個最差勁的橋牌手。但是當他娶了一個名叫約瑟芬的迷人橋牌老師以後，他的運氣改變了。她說服他，使他相信自己是個深具潛力的橋牌天才！他太太的鼓勵終於使他選擇橋牌做為事業。

的確！真誠的讚美和激賞，是能有效使男人發揮出最大潛力的方法，值得每一個人去試試。有一天我們將會失去兩個丈夫裏頭的一個，而保留其中一個——那個他想要變成的理想中的人物！

第7章 做他的信徒！

十九世紀末，密西根底特律的電燈公司，以週薪十一元雇了一名年輕技工。他每天工作十小時，回家以後，還常常花費半個晚上，躲在屋後的一間舊棚子裏工作，一心想要設計出一種新的引擎。

他的父親是個農夫，他確信他的兒子只是在浪費自己的時間。鄰居們也都說這位青年是個大笨牛。每個人都在笑話他；沒人認為他笨拙的敲敲打打，將會造出什麼好東西來。

除了他的太太，再沒有人相信他了。當一天的工作完了以後，她就在小棚子裏幫他進行研究。天色很快變暗的冬天，她就提著煤油燈，使他能夠工作。她的牙齒在寒冷中顫抖著；手也凍成了藍色。但是，她深信她先生的引擎終有設計成功的一天，所以她先生戲稱她是他的「信徒」。

經過了三年的艱苦歲月以後，這個異想天開的稀奇玩意兒終於研究成功了。一八九三年，在這個年輕人三十歲生日的前夕，他的鄰居們都為一連串奇怪的聲音所驚駭，跑到窗口，他們看到那個怪人——亨利・福特和他的太太，正乘坐著一輛沒有馬的「馬車」在路上招搖前進！那輛車子真的可以跑到轉角那麼遠而又跑回來呢！

一個新的工業就在那晚誕生了——一個將會對這個國家有很大影響的工業。如果亨利・福特是這個新工業之父，當然福特夫人這位「信徒」就有權利被稱為新工業之母了。

五十年以後，福特先生——這位相信靈魂輪迴再生的人，被問到他下一次出生時希望變成什麼，福特先生說：「我不在乎，只要我能夠和我太太在一起。」他終生都稱他的太太「信徒」——而且希望來生仍和她廝守。

每一個男人都需要一個信徒，一個在環境頑抗他的時候，一心護著他的女人。當什麼事情都不對勁的時候，當他在告急的時候，當他失意的時候，男人需要一個太太的支持來鞏固他的抵抗力和信心，讓他知道沒有任何風雨能夠動搖她對他的信任。如果連他的妻子都不信任他，還有誰會信任他呢？

信任是一股積極的力量——因為始於信心的，是不會終於失敗的。

羅伯也是個好例子，他住在康乃狄克州布里斯特城克濃街二號。羅伯・杜貝一直想要做個推銷員。一九四七年他的機會終於來了——招攬保險。但是任憑他多麼努力，事情都不見好轉。他對沒有賣出的保險感到懊惱與擔憂。由於緊張而痛苦，使他最後必須辭職以免精神崩潰。在我面前有一封他的信，告訴我這個故事——

「我覺得我完全失敗了，但是我的太太堅持這只是一時的挫折。『下一次你將會成功！』她不斷告訴我：『不要擔心，我知道你有辦法成為一個成功的推銷員。』」

他在一家工廠裡找到事做，他太太也是。但是她不讓他忽略掉外表和談吐。他說：「在接下去的一年半之中，妻子不斷地讚美我的優良氣質，並且指出我天生具有推銷員的才華——一些甚至我自己都不知道我有的才華！如果不是她持續不斷的鼓勵，我可能已經放棄再試一次看看的勇氣。

她不願意讓我放棄『你具有這種能力！』她一次又一次激勵我『只要你努力就能辦到！』

「我怎能辜負她這麼深切的信任！她成功地在我身上建立了我對自己的信心。我離開工廠而回到推銷工作上，這一次我十足信任自己了——因為我身旁有了個信徒！我仍然有一段長路要走。但是，謝謝妻子，至少我已經上路了。她已經使我深信，只要我真想成功我就能夠成功。」

如果我要雇用一名推銷員，我會認為一個有這種太太的男人，是最值得寄與厚望的。這種信徒不會讓她們的丈夫失敗。她們在一次挫折以後，會適時地扶起她們的丈夫，療好他們的傷，然後把他們送回激烈的競技場上。

西蓋・洛柯曼尼諾夫，這位偉大的俄籍音樂家，在二十五歲的時候為已是個成功的作曲家。由於過分自負，所以當他寫了一首很不成功的交響曲後，他覺得十分頹喪，而過了許多灰暗的日子。最後他的朋友帶他去看尼可拉斯・達爾醫師。

一次又一次地，這位心理專家反覆給他這個想法：「你的身上潛藏著偉大的東西，等待著你向全世界展現。」

這個想法，漸漸地在洛柯曼尼諾夫心裏生了根，他對自己的信心終於甦醒了。第二年他就完成了他那偉大的C小調第二號協奏曲——並且把這首曲子獻給達爾醫師。當這首曲子首次公演的時候，觀眾們都熱愛得發狂；於是洛柯曼尼諾夫又再一次回到成功之路了。

鼓勵對於男人，就如燃料對於引擎一樣，可以使得男人的引擎永遠發動。它使人們精神上的電池充足了電，是反敗為勝的動力。

所謂「運氣」，有時候會挫減我們的銳氣，有時候甚至嚴重到使我們挺不起胸膛來！但是如果有我們所愛的人告訴我們：「別放在心上。這種小事還打不倒你的，我相信你一定會贏的！」——那麼事情就大不相同了。

聖經上也這樣說：「信仰，是堅信所希望的事情，確認尚未看到的事實。」

這和妻子們對丈夫的信仰是相同的。這樣的妻子以其特殊的洞察力，來看出別人所看不到的（**她的丈夫的**）特質。她們是憑藉自己的眼睛和內心的愛情來看出這些的。

不過，不管怎樣的信心，不把它表現出來就毫無作用了，所以對丈夫的信心，必須用言詞和行動，諸如讚美他的品性，褒獎他的才華，以及熱切的鼓勵，柔情的安慰來把它表現出來。

《摘要》

一、學習做一個善於聽話的人——

1．用臉部表情和身體姿勢來表達你對說話者的注意力。

2．學習以適當的方式詢問。

3．切不可使丈夫對自己失去信賴。

二、讚美與激勵你的丈夫，幫助他成為他理想中的人。

三、當丈夫不如意的時候，你唯一的的選擇——做他的信徒。

「第三部
推動他的四個大方向」

第8章
了解他的工作並幫助他

有一天早上，公車裏的乘客都伸長著脖子——一個嬌小敏捷、衣著入時的女士，在肩上扛著一把獵槍跳上了車！

這是個廣告噱頭？或是個女超人？許多乘客都在他們的座位上納悶著，直到最後，這位女士到了站，平靜地扛起「武器」跳下車去。

公車司機也同時鬆了口氣。其實，這只不過是伊特麗‧費雪在幫她先生的一位顧客的忙，把這支賒賬買來的獵槍，送回到原來的店裏去。

梅爾‧費雪住在密蘇里州聖路易城拉度山九號，是一家家電公司的成功推銷員。

他的太太曾經想出許多方法來幫助他推展工作，所以他戲稱他太太是他的「我的星期五」（「星期五」是魯賓遜漂流記中那位忠實僕人的名字）。

「我先生連吃飯、睡覺與呼吸都充滿了對工作的熱心，自然地我也感染到這種熱情。過去二十五年來，我曾想出各式各樣的方法去幫助他——至今我還是很喜歡這些工作！」

這位夫人設法不使丈夫操心繁雜的瑣事，而讓他能將全副心力用到顧客的接待和業務的推展上去。她深信只要她的丈夫能從這些雜務中解脫出來，他就更能集中精力，發揮出最大的潛力。

由於她的丈夫每天回家時總有很多的信件要處理，她就學習打字；由於她的丈夫的業務區域遍及三十餘州，一個人來開車是很大的負擔，她就學習駕駛。她曾這樣說：「我曾經有這麼一個經驗，有一次從泰晤士廣場開車開到金門，一面讓梅爾在車子裏舒舒服服地睡覺。」

甚至她的嗜好也和丈夫的工作配合著。其中有一項是蒐集舊熨斗，在這些舊熨斗中竟有一五〇年以前的。這在舉行推銷貨品展覽時用來陳列，是會收到很大的效果的。

出於她親自出力推動事業，所以她從丈夫的成功之中，獲得更多的成就感。當費雪先生在田納西的最近一次銷售會中說完話以後，有一位聽眾跟他說：「我不知道今天晚上誰對你的演講最感興趣—是推銷員或是你的太太呢？」

妻子能熱心傾聽，是一種最好的廣告，難怪費雪先生會把他的太太當成不可缺少的精神支柱了。

遺憾的是，有許多女人沒有想過要做費雪太太做的事——「他雇來的女秘書是幹什麼用的？」她們若不是這麼說，便是說：「如果公司願意付給我薪水，我當然也可以做他的小幫手，但是到了那個時候，他已經可以像我這樣，把自己的工作愉快地做得很好了！」

也好，這是他們的前途，不是我的。但是有時候太太的一點額外幫忙，的確可以推動男人，使得他走得更快更穩。

至於你能幫你的丈夫哪一種忙，這要視他工作的性質而定。也許他需要你幫他打字、寫報告、處理信件；也許是接電話；為他開車；查書或文件資料……這些工作都可以減輕他的負擔，而利用到更有生產價值的工作上。如果你希望像這樣幫助你的丈夫，但是不太清楚從哪裏著手，那就請他給你出個主意。

事實上，一個女人有家務要做，有幾個小孩子要照料，已經是忙得不可開交了，如果還要努力幫助丈夫，成為他的星期五女郎，顯然不容易。可是就是有人能把這些家事都做好，而又幫了先生大忙的，她們的動機是，想要給自己的丈夫一個額外的助力。

彼得・阿塔特夫婦住在紐約佛瑞斯山第七十二街一〇八號之十六。當年輕的彼得・阿塔特從第二次世界大戰服役中退伍以後，以一輛汽車和八百元資金創辦了亞斯特・來蒙新汽車服務公司。

當該地區原有的計程車公司忙得無法照料所有的顧客時，有些人就開始叫彼得的車子了。因為他的服務好而且講求效率，於是生意漸漸做起來了。由於他不能同時開車子又聽電話，所以他的妻子羅絲就自告奮勇要替她先生聽電話——如果彼得願意在他們家裏裝設一具電話分機的話——電話分機裝好了，羅絲就擔負起聯絡的工作。

現在彼得的生意非常好，他必須另外再請一位司機入夥。但是當他出外的時侯，羅絲仍然會接聽他的電話，除此之外，還要照顧他們的三個小孩，並且做完她所有的家事。

彼得說：「不管我花多少薪水，也沒有辦法買到像羅絲這樣好的服務。羅絲和我一樣地熟悉老主顧的姓名和住址——她從他們的惠顧之中，得到許多樂趣。他們知道羅絲說話誠實，不會在我跑長程的時候，想辦法拖延他們；如果我沒有空，她甚至會替他們到別家公司叫車子。對我而言，她是不可或缺的好幫手。」

羅絲也說：「在丈夫需要她的時候，沒有一個女人會忙得沒法幫他的忙。如果她想要幫先生一點忙，她可以學我把家事安排得有效率，便能留下時間來幫他所需要的忙。」

如果在家裏沒有小孩子需要照顧，她們可以直接到先生的辦事處，做出更周詳的幫助。

住在紐約市伊斯特街三十三號的貝拉・巴勒斯太太就是這樣做的。她的丈夫是位名醫。有一次走了一位秘書，這工作就由她暫時代理。她把工作做得非常漂亮，彷彿她一直就在那兒做事的。她利用早上來處理家務，下午則當起丈夫的秘書。

她的丈夫說：「對露意絲來說，這不僅僅是一件工作而已，對於每一位要我出診，或是來到診所的病人的健康，她和我同樣的關心。」

其實，妻子為她的丈夫所做的任何幫助，都具有額外的特性。共同的關懷會使他們緊緊地結合在一起，不只是工作上，生活上也一樣。

星期五女郎的妻子們，已經減輕了許多非常成功的男人的工作。

英國作家特洛拉普的小說在發表之前，除了他的太太之外，沒有人曾經看過或是批評過一個字，他說：「她的鑑賞給了我最大的幫助。」

法國作家都德害怕婚姻會使他的想像力變得遲鈍，後來他認識了茱麗，竟改變了他的想法。他的一些最好的作品，都是在和茱麗結婚之後寫出來的。

茱麗有著不凡的文學鑑賞力，所以他非常重視她的評論。他的兄弟說：「都德寫好一張稿紙，沒有不讓茱麗修改和潤飾的。」

哈柏是偉大的瑞士博物學家以及蜂類權威，他十七歲的時候就失明了。他的妻子鼓勵他研究自然界的歷史，並且用自己的眼力和觀察幫助他完成研究、幫他成功成名。

如果對丈夫的工作或職業沒有一些常識或是了解，而想要給他額外的幫忙，是不可能的事——了解得更多，就能幫助得更多。

不過，如果沒有具備這種知識或不甚了解，固然不能作專門性的幫助，但也不至完全不能幫助。因為只要能有一些了解，對丈夫的工作就會引起更深的同情心和更強的忍耐力，而成為他的好伴侶。

在詹姆斯・馬修・格里爵士的喜劇〈每一個女人都知道的事〉的一個場景裏，女主角瑪麗・薇麗上床時，手上還帶著她未婚夫正在研究的深奧的法律書籍。她對她的兄弟們解釋說：「我不要他知道我有不懂的事情。」

妻子對她丈夫工作上的知識，已經被肯定為對丈夫的成功有著很大的幫助，所以企業界現在正努力使他們雇員的太太們得到那些常識。

從前想要使一個大公司職員的太太除了知道她先生服務的單位以外，更要了解一些他工作的事情，真是太難了。然而現在已經不再是那樣了，「公司太太們」現在正受著各種不同方式的資訊轟炸：影片、講演、小冊子、雜誌……

戴斯禮是杜利伯茶杯公司的總經理，富比士雜誌引述他的話，說他正計劃每兩個月發行有關公司業務的小冊子給職員的太太們。他說：「如果她們唸了這些小冊子，她就會不自覺地對公司業務感到興趣。」

「對公司業務感到興趣」的妻子，是她丈夫與他的老闆最重要的盟友。瑞士歐利康市的某機械製造廠，安排讓職員的太太們參觀訪問活動——太太們參觀了整個的工廠，並且聽他們解釋各種製造程序。工廠的經理已經發覺，這是一個實用的政策，因為他們時常可以從這些太太們那兒得到改進的好點子。

美國許多公司也對太太們大開其門了，而他們也得到了相同的效果。

有個太太參加了在中西部一家製造家用器具工廠所主辦的一次訪問，當她看到她先生在他的機器邊工作的時候，她有了個想法。

那天晚上，她問丈夫：為什麼他的機器不使用一個腳踏板來代替那個高過人頭的槓桿——換個腳踏板將會節省許多時間和不必要的動作。

她丈夫覺得很有道理，於是把這個建議告訴他的老闆。這個建議真的實現了，結果使他的生產力增加了大約百分之二十，同時這個想法也使他得到了三百五十元的獎金。

男人大部分的生命都奉獻在工作上，當妻子的應該去關心任何一種佔去了他大部分時光的職業。在必要的時候更要付出她的支持和幫助，這不僅可以幫助她的丈夫得到成功，而且也得到了分享報酬的權利。

每當我閱讀托爾斯泰不朽的古典文學名著《戰爭與和平》，就會想起他的太太居然曾把這部不朽的作品親手抄寫過七遍——真不愧為他先生的「我的星期五」！

如果你想要給你先生一個額外的助力，那麼請您這麼做——

一、盡你所能去了解他的工作。

二、幫助他任何一種他最需要的幫助，使他的工作做得順利。

第9章 善待他的女秘書

如果女孩子最要好的朋友是自己的母親，那麼男人最親切的伙伴可說是他的女秘書了。

一個好秘書應該努力於提高她老闆的利益。她要設法使老闆的工作順利，還要兼顧著做不完的瑣事，她得留心老闆的情緒，以使他稱心如意。女秘書的工作範圍，可能要從削鉛筆到接見訪客，以至做經紀人。如果沒有女秘書周到的服務，美國企業界的巨輪，就不會旋轉得這麼平滑了。

所以，毫無疑問的，一個好秘書的確是幫助男人事業成功的左右手。

對一個盡職的妻子來說，這種說法有什麼意義呢？這意味著：女秘書和妻子雙方有一個共同的目標，就是要使男人的事業更加輝煌。她們都同樣關懷著他最終的成功。所以如果她們能夠互相合作朝著共同的目標攜手努力，而不是對立，則她們就可以收到事半功倍的聯手效果。

可是事實上不幸得很，妻子和女秘書常常是心存芥蒂的，可能一方暗地猜忌，或是雙方同時嫉妒著對方的貢獻或影響。女秘書也許會覺得，妻子自私或多管閒事；而妻子也會埋怨自己的丈夫太倚賴別的女人。

我當過女秘書，也是人家的妻子，因此我對雙方的觀點同樣重視，但是經驗使我相信，想要維持一個良好的關係，妻子的態度是很重要的。因為好秘書為了要保住她們的工作，本來就希望和每個人融洽相處。

了解這些以後，我們當妻子的人可以遵循下列原則以減少磨擦，及加強友善的關係，並進而提高和丈夫的女秘書的合作。

1．不要心生疑忌

固然我們認為丈夫是個值得傾心相愛的人，但是這並不意味著他的女秘書就會把他當成目標。女秘書對於老闆的欣賞，通常是理智型的。

我認識許多女秘書——但是我只看過一個喜歡搶奪別人丈夫的女秘書；

而這個人就算她從事別種工作，她也會幹這種事的。

當業務上發生了問題，迫使丈夫要加班時，妻子的諒解比什麼都重要——她要知道她的丈夫和女秘書，是在辦公桌上絞盡腦汁，而不是跑到夜總會去取樂。

如果丈夫有女秘書一起工作，而不是獨自一個人，當妻子的應該感到慶幸才對，因為她知道在適當的時候，會有人提醒他吃飯。

2・不必嫉妒或輕視

一般在外面工作的女孩子，打扮得漂亮一點，是由於業務上的需要與禮貌。當妻子的人，如果有意裝扮得漂亮，也是無妨的——通常她們會有更多的時間和金錢，可以花費在自己的裝飾上。因此與其嫉妒女秘書，不如把自己打扮得同樣亮麗和迷人。

凡是正常的男人，大多喜歡好看的女孩子，而不欣賞乏味與沒有魅力的女秘書。在迷人的環境裏工作，是種極其正常的慾望——無關乎貪婪。一個漂亮的女孩子，就如一瓶玫瑰花那樣，可以使滿室生香。

有些太太很嫉妒女秘書的工作，認為女秘書太輕鬆了，整天只是打扮得光鮮亮麗，坐在舒適的辦公室裏，除了對男人撒撒嬌之外，什麼事也沒做，而居然還能領得一份不錯的薪水。

但是這些太太們通常並不知道，許多聰明的女秘書，都是很羨慕太太的！在外頭做事的女孩子，都期待能夠走入家庭照顧丈夫和養育孩子。更進一步說，女秘書的工作並不容易！

好的女秘書必須工作得像家庭主婦那樣辛勤，然而她們都沒有得到像家庭主婦那樣多的報償。

3・不要勉強女秘書替自己跑腿

如果老闆的妻子要女秘書利用吃午飯的時間替自己去買一捲絲線、排隊買各種門票、或是其他類似的雜務，都是不好的。太太的這種做法是強迫女秘書不好意思拒絕，但是她又不太情願為此犧牲掉她在繁忙的一天裏所僅有的一小段休息時間。

女秘書由於領取薪水，雖然也常要為自己的老闆做許多私人的雜事——

例如替老闆選購送給家人的禮物、安排業務上的應酬招待、預訂出差時的飯店房間……等等。但是她們所領取的薪水，並不包括要替老闆的太太做同樣的服務，除非老闆曾經特別要求她這樣做。

4．絕對不可以傲慢和刻薄奚落女秘書

雖然這種「我是太太，你是佣人！」的想法，是最陳舊的腦筋，但是仍然有一些女人自甘落伍，老要故意奚落丈夫的女秘書，藉以顯示自己的尊貴。在這種情況下，女秘書都比這種空擺架子的太太要來得更有教養和受歡迎。

對於一個自尊心很強的女秘書而言，過分的刻薄是很傷人的。做妻子的應該依照聖經上的金律，修正自己的態度，並且設想自己是個女秘書，希望別人能夠如何對待自己，而以這樣的態度去對待丈夫的女秘書。

5．對女秘書的額外幫忙要表示謝意

任何人替人做了事，都喜歡聽到讚賞和致謝，一個女秘書有時會幫老闆

的妻子做一些事，雖然當妻子的並沒有特別委託她去做。

例如，我丈夫的女秘書，她常常在我們渡假的時候，替我們預訂飯店房間，在我們上餐館吃飯以前，替我們預訂位子，也替我們預訂戲票。她把這些工作當成是她工作的一部分，我因此獲得了許多方便。

女秘書也是人，她們當然也喜歡受到讚賞。一通致謝的電話、或者是一件細心挑選過的禮物——這些小事都可以表示出我們衷心的謝意。

和那些使得公司業務順利進行的小姐們保持良好的外交關係，這是我們能夠幫助丈夫的一個重要的小方法。

我有一個朋友的丈夫是一家大房地產公司的會計主任，當他碰到了特別麻煩的事情時，她都會接到女秘書打來的電話：

「太太，我想應該讓你知道，政府的稅務人員，這幾天都會在我們這兒轉，白蘭克先生受到了許多精神壓力。未來的四、五天裏，我們將會忙於整理我們的帳目。所以特別提醒您，好好為白蘭克先生準備三明治和咖啡。」

於是，當白蘭克先生回家的時候，她太太就會特別細心照料他，她謝絕了所有麻煩的社交應酬，並且特別注意到為先生所準備的食物，以百般的體恤陪他渡過這段辛苦的日子。

這種特意的照料，固然並不是隨時都有可能，也不是隨時都是必要，但在我這位朋友的情形來說，真是配合得太妙了。主要是白蘭克太太和她丈夫的女秘書都同時認為，她們兩人是要幫助白蘭克先生，以最高的效率來做事的共同的盟友。

有些做妻子的，儘管她們的丈夫在一家大公司裏工作，她們都從沒有親自和丈夫的女秘書認識的機會，但是大部分的人都遲早會和女秘書接觸到的，我們內心的態度在那時就會流露出來。

千萬不要把女秘書做是你婚姻的假想敵，否則反會弄假成真。

為了和丈夫的女秘書相處愉快，我們應該記得以下五個規則——

一、不要心存猜疑。

二、不必嫉妒或輕視。

三、不要勉強女秘書替自己跑腿。

四、不可傲慢和刻薄女秘書。

五、對女秘書的額外幫助要鄭重表示謝意。

第10章
鼓勵丈夫繼續學習

你的丈夫已經做好升級的準備了嗎？如果還沒有，那他該做些什麼努力？而做為妻子的你，又做過多少努力呢？

大家都希望在工作五年、十年以後升級，但是人們並非在剛剛進入社會的時候就已經具有這種擔當高位的能力。而必須一面工作一面學習，同時從經驗和特殊訓練中去培養。

社會學家華納說過：「美國的理想是建立在每個人都能『成功』的信念上——而想要出人頭地的一個主要的方法，就是教育。」他又說：「經營事業的人，必須利用人事考核，訓練計劃以及升級規定，來提供各種提升的機會。」

許多公司都已編列預算，為他們的職員提供特別的訓練計劃。也有許多公司，對那些富進取心和創造力，能利用自己的時間和自費去接受特殊訓練的職員以升級的獎勵。

許多名人都是因為能利用時間用功才得到成功的。查爾斯・C・佛洛斯特本來是蒙特利州的一名鞋匠，由於每天都利用一個小時來學習，終於成為著名的數學家。

木匠約翰・韓特在工作以外的時間，研究比較解剖學，每晚只睡四個小時；終於成為權威學者。忙碌的銀行家約翰・朗布克爵士利用休閒的時間努力研究，終於成為著名的史前學專家。喬治・史蒂文生，在他擔任機師夜間值班的時候，努力研究數學，結果發明了火車頭。詹姆斯・瓦特一面從事修理工作，一面研究化學與數學，結果發明了蒸汽機。

如果這些人都只是滿足於現狀，將是社會的莫大損失！如果只是領取薪水而不再努力學習，在這個競爭激烈的社會之中，注定是要失敗的。

如果丈夫努力於研究學習，以爭取升級，做妻子的應該怎樣配合呢？不可不知的是：妻子的態度將會影響到丈夫的研究工作。

以丈夫上夜校的情形來做例子。每個星期花了兩個晚上到五個晚上的時間到夜間部學校上課的人，無疑的是個有抱負而想要在自己目前的工作上，或者是他所預期的其他行業上，表現得出類拔萃的人。

這段期間，他的妻子必須學習如何獨處。她必須使自己適應孤獨，而儘量安排活動來填補這個空檔，否則，丈夫就會因為妻子的不快樂而不安，以致影響了他在學習上的努力，只因太太抱怨太寂寞。這種女人，通常並不知道丈夫之所以不能成功，她們是要負部分責任的——因為她們使得自己的丈夫無法在成功的大道上全力衝刺。

這些女人實在應環顧周遭，才能了解到那些成功的人，並不是天生就有那種能力的——他們必須學習，以獲取能夠加強他們才能的知識。即使有些男人夠運氣，在結婚以前就有了這些才能，但是為了要跟上時代的潮流，適應政府的新法規，以及熟悉對手，通常在婚後還是需要加倍努力與學習的。一位醫師告訴過我，如果他要充分的研究有關新發明以及治療的新技術的文章，那麼他就沒有時間去照顧他的病人了！

居然不是每個人都能如願的出人頭地——有些人必須在這個世界上做那

些較不想要做的工作。但是如果他肯訓練自己，提昇自己的能力，他就不會永遠停留在低下的工作了。明白了這一點，自然會生出勇氣。

這裏有一個例子——一位年輕律師的故事，他曾經因為沒有受過訓練，而只靠著挖濠溝過活。

他的名字是霍奇，住在奧克拉荷馬州桂爾沙市北波頓街一六一九號。他剛踏入社會的時候，是在堪薩斯城一家貿易信託公司裏做一個小職員，後來他移居到奧克拉荷馬州的馬歇爾市，就進入協和石油公司做事。在那兒，他愛上了一個少校的女兒愛芙琳・英格曼並且和她結婚了。

不久，發生了大恐慌——霍奇和許多職員馬上就要被解雇了。他受過的訓練和經驗都不夠充分，沒有辦法擔任一般書記以外的工作，而這種書記工作，在那個時候卻又是粥少僧多。他只好接受了他所能擔當的唯一一件找得到的工作——以每小時四毛錢的代價，在石油管工程裏挖濠溝！

他的故事後半段是這樣的：「我想辦法改善生活，經營一家小型高爾夫球場，再加上我太太在一家店裏工作的收入，我們的生活總算還過得去。後來我又被協和石油公司復職了。轉回奧克拉荷馬的杜爾沙市工作。我的工作是辦理有關投資的文書工作——但是我對於會計工作是一竅不通的！

「只有一個辦法——學習！於是我到奧克拉荷馬法律和會計學校的夜間部會計科去上課。這是我所做的最聰明的一件事，因為這些課使我了解到，我可以利用晚上的用功，來彌補我學問上的不足。

「經過三年的刻苦以後，我的薪水也加倍了，我又馬上就讀杜爾沙大學夜間部的法律系，四年內修完全部學分，得到了學位，後來並且通過律師檢定考試，而成為合格的開業律師。

「但是我還不滿足，所以又回到夜間部上課，準備參加會計師檢定考試。研究高等會計三年多以後——又學了演講的課程。最重要的，這麼多年以來的夜間部教育，已經使我獲得十二年前挖濠溝每小時四毛錢的十二倍薪水了！」

霍奇先生除了在自己的律師事務所執業外，也在母校奧克拉荷馬法律和會計學校授課。霍奇先生的故事，是任何人都可以重演的——任何一個願意付出時間和努力的人——而且他的太太必須非常合作。

白天工作，而且要連續幾年每個晚上用功，這絕不是一件輕鬆的事。為了不半途而廢，每個人都需要從家裡得到所有他應當獲得的鼓勵與支持。因為在追求的過程中，有時不免感到厭倦，失望，並且會懷疑這些努力的價值而感到痛苦。

做妻子的也是很不容易，尤其是在新婚那幾年，正是最需要調適一切的時候，這樣當一個「夜校生的寡婦」，應該怎麼做才能排遣孤獨，過得安適呢？

最聰明的辦法，就是擬訂一個她自己的學習計畫，如果經濟許可，她也可以和丈夫參加同樣的課程訓練，使自己更能有效地幫助丈夫的工作。也許她可以學習一些相關課程，以彌補丈夫不足的知識；或者她更喜歡學習一些完全不同的功課，純粹只是為了樂趣，或是要擴展自己的興趣。

總之，如果夫妻兩人一起上學，學習起來必定很有趣味。

這對於有小孩需要照顧的女士，也許很艱辛，但是這些女士們，豈能在丈夫用功學習的時候，讓自己的腦袋一片空白，她也可以到附近的圖書館，或者在丈夫出外上學，而小孩們已經上床的晚上，在家裡自己看書。

有一次，我的丈夫向一位在博物館裏管理鯨魚陳列室的主管請教：平常人必須花費多少時間才能成為鯨魚專家——如果他每個星期利用三或四個晚上，把他所能得到的有關鯨魚的書本和文章全部讀完。這位主管回答，照這種計劃，三個月內將會對我們的鯨魚朋友有了許多認識——而在六個月之內，就會成為鯨魚專家了！

你也許對於鯨魚不感興趣——但是在這個世界上，總該有些你想要知道得更清楚的東西。如果你的丈夫正在利用他部分或全部的晚上時間改善自己的前途，那麼你就無權為你自己難過。你應該把那些時間當作是個機會，而有效地利用。

如果你們的預算剛好只夠負擔你丈夫的再教育費用，也不必失望，因為我們是居住在一個全世界擁有最大的公共圖書館系統的國家，只要費一點小手續填妥一張借書證，人類智慧的寶山就在那兒等待著我們去探索。

所謂「教育」，並不是在大學度過四年，或者再加上一些用功就可以的。為了能具備廣博的學識，就得不斷地加以學習。如果你的丈夫想要具備這樣的條件，也就得用種種的方法來繼續努力。至於你，也是一樣。丈夫的用功方向，可依他目前的工作或對未來的期望來做決定，至於你，應該可以自由選擇。

總之，做妻子的必須徹底了解，想要出人頭地必須努力鍛鍊自己，同時妻子必須給他徹底的支持。至於為了丈夫能接受教育所花的時間與金錢，可說是對未來整個家庭幸福的投資。

做妻子的，如果對丈夫多年來的業餘用功發生懷疑與動搖的心理，以為這樣孤單寂寞，既無娛樂又無享受的犧牲，究竟有什麼代價，這時最好能這樣想：這樣的犧牲，是一切奮發上進的人在所難免的；這樣的犧牲，在一旦成功之後是會獲得加倍的報償的。

你感到懷疑嗎？那就請你看看以下的這些人，他們都是最近才獲得美國大學與學院聯會所頒的賀修・亞爾傑獎。前任總統赫伯・胡佛，是愛荷華州一名鐵匠的孤兒；亨利・克朗上校曾當過電話接線生，現在是華道夫・亞司特利董事會的主席；華特生是ＩＢＭ公司的董事長，他開始管理書本（沒**有機器可用**）的時候，週薪才只有兩元；保羅・Ｇ・霍夫曼曾經當過行李挑夫，現在已是史都德貝克公司董事會的主席。

你的丈夫也應抓緊能夠參加的教育機會，提昇自己的能力——全憑你的支持和鼓勵。

夠聰明的男人，就更會擴展自己的知識和才能。美國駐聯合國大使歐尼斯・羅吉斯，有個晚上在宴會裏對我說，他正在參加一個夜間部的速讀課程——以便能夠更有效地處理完他所接到的大批信件。

所以，如果你的丈夫正在做「學生」，你應該感到榮幸才對——並且還要鼓勵他繼續努力。這樣做將會大大地增加成功的機會。

A・勞倫斯・羅威博士生前是哈佛大學最偉大的校長之一。他說過——「訓練一個人的方法只有一個，就是這個人要自動去使用自己的腦子。你可以幫助他、引導他、督促他、暗示他，你還可以激勵他；但是只有他自己努力獲得的東西，才是最有價值的；他所得到的成果，必然是和他所付出的努力成正比的。」

第11章 要有防範意外事件的準備

住在紐約市布朗克斯區毛利斯街二三四七號的約瑟夫・艾森堡，在洗衣店當了二十五年的送貨員後，突然間被解雇了。

一個既沒有受過相當教育，又上了年紀的人，一時要找到工作可真是很不容易的。好在這時有一家麵包店要出售，而且售價也不高。他在和他的妻子經過一番商議之後，就以所有的積蓄買進這家舖子。

這只是開始而已。艾森堡太太知道，在創業期間，他們是沒有能力雇人幫忙的。於是她決心由她自己積極拓展這個店務。

除了做家事以外，她還須在麵包店裏長時間工作，以便招待客人。打掃，洗刷，做飯，每天在麵包店裏，還要站上八至十個小時——這些勞苦已經足以使任何人感到心力交瘁了。

然而，她卻說：「我很高興地做著這些事，因為我知道，這是丈夫重新出發的一個機會。現在，麵包店已經開了五年了，我們的經營很成功，生意很好，經濟情況轉好。我們能夠以自己的努力，開創出這個局面，實在很感安慰！」

很多男人在碰到了像艾森堡先生中老年失業的這種難題以後，由於妻子不願意幫助丈夫挽回頹勢，以致往往一蹶不振。

不少女人認為，丈夫應該一肩擔起所有的責任，不管時機是好是壞，她們不知道為了拖出陷在泥沼裏的家庭，當妻子的也要助一臂之力的。

威廉・何孟太太，住在田納西川諾克斯威利市東南區克拉斯街一一六號，她不只幫忙她丈夫的生意，同時還有自己的職業，這使他們家庭有了很好的經濟基礎。

何孟太太是一位護士，一九三六年嫁給比爾時，比爾白天工作，為取得高中的畢業證書，晚上就到夜間部去上課，為了使比爾不致於放棄夜間部的學業，何孟太太在婚後仍然繼續做護士。她很希望自己的丈夫保持全勤記錄，於是在她生下長女的那一夜，她仍然堅持要她丈夫送她到醫院以後趕去上課。比爾在六年中，從沒有錯過任何一堂課——終能使他的母親、妻子、子女在觀眾席裡，驕傲的看到他獲得畢業證書。

當比爾得到推銷不銹鋼廚具的工作以後，他的妻子海倫就充當他的助手，一邊舉辦示範餐會，由海倫做菜，而比爾推銷。

後來比爾的父親死了，比爾和他的兄弟共同得到了一家印刷廠的遺產，他們便從比爾的兄弟那兒買下了這家印刷廠。這時候他們向銀行借了一筆錢。於是，海倫又回去做護士的工作，以幫忙還債。每到晚上和週末，她都在印刷廠裏當比爾的助手。

她說：「希望我們能夠健康地繼續工作，只要五年之後，我們將可以付清我們所有的債款，然後我將辭掉工作，在家全心全意照料先生和孩子。」

海倫是一個勇於力挽狂瀾，和丈夫站在一起，以及為丈夫工作的好妻子，就像艾森堡太太那樣，由於老公中老年才創業，不能讓這種機會有任何閃失！

生活裏的某些危機，例如欠債，疾病，或是丈夫失業，常常都需要由妻子暫時到外頭去工作。這時候的妻子，不是為她自己工作，而是為丈夫、為整個家庭的幸福而工作。這是一種「非常措施」。

我認識一位女士，她在這種情況下做得很漂亮，她甚至為她的家庭，開創出了一番新的生活意義。她就是J・D・史坦太太。她和她先生與五個小孩子住在紐澤西州威斯特費爾市史丹利街四二二號。

史坦先生是個推銷員。但好幾年前的一場重病使得他沒有辦法工作。於是她挑起維持這個大家庭、養活五個小孩的重任。

史坦太太認真探討了她拿得出來的本事。對於辦公室的工作她沒有經驗，也沒有其他才能。她最拿手與最喜歡的事情，就是製作餐點：小孩子的生日點心、結婚蛋糕、宴會甜食。從前她常替朋友們做這些精美的餐點，只為了喜歡做而已。

瑪格麗特・史坦把她的想法告訴了一些人。她的朋友開宴會的時候，都特別請她去做。由於她製作得格外精緻可口，於是名聲便傳了開來——更多的訂單便源源而來，使她必須訓練助手來幫助她。

由於所有的餐點都是在她家的廚房做的，她的丈夫和孩子們也都來幫忙。等到生意大好以後，瑪格麗特就成為一個專辦酒席餐點的主持人，並且成了宴席顧問。

現在，她的生意已經發展到必須雇請一位長期幫手的程度了，她把自己最得意的開胃菜包裝後，送到冷凍食品市場去賣，並且為半徑五十哩內的宴會準備酒席。

瑪格麗特·史坦的緊急應變措施是如此的成功，史坦先生現在已經是他們的營業經理了；他和他的妻子有著最完美的合作。史坦太太說：「我討厭那些帳目和計畫，我忙於創造新的方法，來準備我的特製餐點，讓我的丈夫來照料所有生意上的細節，可真是一項最偉大的事。」

誰也無法預料危機幾時會到，幾時會使我們的經濟來源突然中斷——而迫使我們必須親身去賺取部分或全部的家庭開支。為什麼你現在不馬上培養謀生技能，想想看如果有了意外，你是否已有足夠的準備，去解救這個緊急情況？

《摘要》

給他額外幫助的四個方法——

一、了解他的工作，適時給與必要的幫助。

二、和他的女秘書和睦相處。

三、鼓勵他好好利用教育的機會繼續進修。

四、準備好對於意外事件的應變能力——需要的時候要自動去找工作；訓練出一種能夠謀生的技能。

「第四部
怎樣應付這種情況發生時……」

第12章 如何應付丈夫調職

時常大搖其頭的人事主管抱怨說，由於許多女士都不願意離開熟悉的環境，便硬是把他們的丈夫束縛在一個固定的地方和工作上。

費城大西洋精煉公司的董事艾略特把這種妻子稱做是「折騰人的小孩」，並且認為她們是丈夫成功的絆腳石。另一位董事告訴我，一個有前途的年輕職員，由於他的妻子不願意離開原來的環境，使他只好傷心地放棄了一個他曾經努力爭取的升級機會。他的妻子捨不得離開自己的父母親，老朋友，教室和她心愛的廚房、美麗的客廳。

當一個家庭好不容易在一個地方落戶生根，如果要他們連根拔起再搬到一個陌生的地方，是需要很大的勇氣的。兩人的結合必須有很好的基礎，才經得起這種變遷。

第二次世界大戰期間，有許多新娘都沒有辦法適應不停地從一個軍營遷移到另一個軍營的勞累，而且也缺乏在動盪的環境中穩定家庭的努力。但如果是一個有適應能力的妻子，就應該能輕易克服這些障礙。

維吉尼亞州福克府的雷倫多・葛西納太太，就是一個這樣的妻子。在《婦女雜誌》的文章裏，她寫著：

「兩年前，我丈夫要到海軍去服役。我們離開新佈置好的家，帶著小兒子跑遍全國各地，我以為這是天大的不幸。未來的兩年看起來是一連串無味又無光的日子，所以我是懷著悲悽的心情前去我們的第一個駐防地點。

「但是現在，搬過了好幾次家以後，回想我過去的想法真是太孩子氣了！丈夫馬上就要退伍了，我們正計劃要永久定居下來——我們都如此希望。雖然我面對未來感到這麼興奮，但是我承認告別以往這種生活方式是有點傷心的。

「過去兩年，我很愉快，因為我已經學會生活於許多不同類型的人群之中。我已經學會了容忍和了解那些想法做法與我不同的人。當所盼望的事情落空的時候，我也學會了忽視那些尋常的小麻煩。我更加深切地了解到，一個快樂的家庭，並不是有了一大堆器具用品就行，更主要的是愛心，諒解和溫暖，而且在任何情況之下，都要盡自己最大的力量去努力。」

如果你必須離開熟悉的環境，遷移到一個新地區，希望你記住這四個建議——

1．**不要期待新環境和老環境一樣** 環境和工作同人一樣，是各不相同的。即使你丈夫的職位不及以前，你也不必洩氣；新的工作說不定會有更多晉升的機會。

2．**不要因為失去習慣上的便利，就垂頭喪氣** 盡你所能努力去做，也許會得到意外的驚喜。

某一年夏天，我丈夫到俄亥俄大學暑期班任教。由於當時鬧房荒，我們只好住到專門蓋給已婚退役軍人和他們的家眷居住的一間簡陋房子裏。我承認當時對我們的住處，真是提不起一點興緻。

但是那段往事，竟成為我生命中最豐富、最值得感念的經驗之一。房子清理容易，我們的鄰居都十分友愛和善。當我看到那些年輕的夫婦到學校去上課，養育著自己的小孩，並且愉快地把他們不夠富裕的生活用品做了最大的發揮時，於是對於起初的嫌惡感到非常慚愧。

那年夏天，我們交了許多好朋友，而且也了解到成功和幸福與人的生活水準，並沒有必然關係——只要生活過得去就可以了。

3・**到你必須遷居的新環境裏先住看看，然後才對它下結論** 有個朋友和她的丈夫一起遷移到一個小工業城去，這是她丈夫盼望已久的升級。但做妻子的在這個小城裏只待了二十四個小時，然後就收拾行李回到他們本來的家了！她丈夫所加的薪水剛好只夠多請一名下女；最後她先生只好申請調回到本來的崗位——這都是因為他的太太不願意好好地適應先生調職後的新環境。

4・**盡量利用新機會——不要依戀往昔** 如果你遷移到一個地方，要下更大的功夫去結交新朋友。儘量到教堂做禮拜，或者到俱樂部和加入各種團體，把你自己投入新的環境裏。與其抱怨不能適應，不如即刻設法改善它們！要知道，事事並非盡如人意。

住在奧克拉荷馬川杜爾沙市東廿三街二六四一號的羅勃特‧瓦特森夫人，她和她丈夫行蹤遍及全球，因為她丈夫是卡特石油公司的地球物理專家。瓦特森夫婦和他們四個小孩，曾住過世上最荒遠的地區，但是他們的心情始終愉快。這樣幸福、和諧的家庭，實在是很難得的。

瓦特森太太認為家庭是靈魂的休憩所：

「我隨時做好動身的準備，我們家每個人都發現，世界上的任何一個角落，都可供我們學習和生長——如果你能用心找尋的話。例如，當我們住在巴哈馬群島時，正好有個聞名的潛水比賽冠軍在那兒指導潛水。這使我們家美人魚蘇茜得到了一個大好的學習機會。

「結果，她進步神速，終於在一次比賽裡獲獎。如果我們不到那兒去，也許就不會有這個好機會了。有一次我聽到一個經理提起，他的公司必需選出幾位職員到國外服務，但一定要他們的太太能夠同往才行。據我所知『適應』的最好方法，就是在那個陌生的地方，利用機會多多獲取新東西，而絕非成天抱怨現狀而緬懷過去。」

所以，如果你丈夫由於工作的關係需要你和他一起搬來搬去，那麼你就應該記得以下的建議——然後，高高興興地跟著他去。

總之，搬來搬去又有什麼不好？你就當成老是住在同一地方是會發霉的！

一、不要期待新環境和老環境一樣。

二、不要因為失去習慣上的方便而垂頭喪氣，這些事並沒這麼嚴重。

三、在你認為新環境不適合以前，應該先去住看看。

四、盡量利用機會，不要依戀往昔。

第13章 當丈夫工作過量時

幾個月前，有個老友順路來看我們。他看起來顯得很疲倦和苦悶。他說：「我不知道應該怎麼講！半年來，我一直忙碌地工作，想要替公司擴充一家分公司。每天都很晚回家。等這件艱難的工作完成，我就可以恢復正常上下班了。但是太太對於我不回家吃飯，以及不能一起逛街，頗不諒解，這也使我提不起勁來了。設立這個新公司，對我們是很重要的，但我沒法使她了解這一點。她的不諒解，搞得我心神不寧，無法安心工作。」

這位可憐的朋友，正承受著兩方面的壓力，難怪他會這麼狼狽不堪。

由這件事，使我想起我丈夫正趕寫一本書的時候，我幾乎搞不清楚，在那段期間，我們兩人究竟誰比較痛苦。他雖然是在家裏寫作，我都難得看到他，因他把自己緊緊關在書房裏埋頭寫到深更半夜，每天晚上都這樣的。

為了他要趕進度，我們沒法一起參加社交活動，也沒法一起玩，或是到什麼地方去。所幸，我們的朋友都很諒解。

那段期當然我很孤獨，但是我都忙於注意戴爾有沒有適當的飲食、休息和呼吸些新鮮空氣。同時，我還參加了一些俱樂部，經常去拜訪我們的朋友，培養了自己更多的興趣。

就這樣，他那本書好不容易寫完了，而我們又恢復以前的生活了！

對太太來說，在某些特殊的辛勞期間，做妻子的雖然並不愉快，但這些工作對先生來說，卻可能是非常必要的。做妻子的，應該站在他的旁邊，就像是個護士、保姆和精神支柱那樣，靜靜地期待正常生活的到來。成功的理想，鼓舞著我們的丈夫，使得他們對手邊工作以外的任何事情，都變得不聞不問，但我們卻感受不到這種鼓舞。

那麼，我們應該怎麼適應這種期間？又該如何幫助我們的丈夫，儘可能安心而輕鬆地渡過這些日子？

以下想法曾給我很大的助益，它們對你也將是有效的——

1．為他準備的食物要配合他繁忙的工作

常給他東西吃，但一次不要太多。如果必須趕時間，或者要工作到深夜，最好為他準備容易消化的小點心，如烤蘋果、果汁、牛乳、蛋糕、沙拉、芹菜和紅蘿蔔……這些容易消化且富於維生素的東西。

如果他在家裏吃晚飯，就不要在他整夜的工作之前，強迫他吃許多不易消化的東西。看些營養方面的書，或是找你的醫師談談如何為他準備增加體力的食物。

2．為自己安排一些娛樂計劃，不要成天沉緬於美好的昨日

努力使自己在社會上變得有分量，不必依靠丈夫的出現，同樣可以使自己成為一個到處受歡迎的人。許多情況下，你的出現是會成為多餘的；你自然應避免這種不合適的場合。在其他的集會裏，你將如同冬天的暖陽那麼受歡迎。

把以前沒有時間做的事，好好做做看；參觀畫廊、聽聽音樂會、替你的教室或為你的政黨做些事、進修某些課程……

3．向朋友們解釋，使他們了解你的丈夫何以暫時不能和人交往 讓他們知道是竭誠支持著你的丈夫。

4．讓你的丈夫知道他得到了你的支持和關懷 這會使他的工作推展得更順利，而且使你認識到身為人妻的「偉大犧牲」。

5．提醒自己這只是一個暫時的現象 如果證實自己可以輕易克服困難，等這個大工程完成之後，你們將會有第二次蜜月的。

第14章 如何適應特殊的工作情況

有個妻子強迫她的丈夫放棄他很喜歡的工作，因為無法忍受他在夜間做事！這位先生在一個聞名的管弦樂團演奏。他們的音樂會大多在晚上舉行，這位音樂家很滿意自己的工作，報酬也很高。

但是他的太太就是不習慣於他的工作時間。最後，她說服了丈夫放棄樂團的職位，而去推銷家庭用品——他做的是完全不適於自己的工作；所賺的錢也更少；他抑鬱不樂。不但成功的機會渺茫，而且婚姻幸福的希望，也為之減低。

工作時間特殊的、或是工作上有特別需要的男人，都更需要一個能夠配合的妻子。計程車司機，鐵路或輪船從業員，飛行員的太太……所有需要某些特別適應的職業——這些人的妻子必須能夠配合，才能維持美滿的婚姻。

許多出名的演藝人員，都嘗過婚姻破裂的滋味，因為他們的太太不能夠或是不願意同情她的丈夫在那個圈子裏為成功而付出的奮鬥。

職業特殊的男人，他們的太太必需在婚前就應該有所覺悟以及有這種認知，就是她們不能擁有一般人的生活方式，必須面對現實情況，並且設法在這個維持家計的工作之限制下快樂地生活。

許多女人羨慕在那些所謂的「迷人」的職業圈裏出盡風頭的名人的妻子，例如電影明星、歌劇歌手、作家、音樂家。我十六歲時，曾夢想嫁給著名的探險家，可是，我們之間可有人冷靜的想過，做這種人的妻子，除了穿著名牌新裝，在照相機前扮笑臉，此外——還需有更多的負擔。

羅威・湯姆斯夫人可以告訴你這種事並不那麼容易，像她丈夫這樣聞名國際的人是很少的，他的經歷簡直是《天方夜譚》裏的故事，深深吸引人。身為老練的新聞廣播員、探險家、作家、大學講師、運動家。羅威・湯姆斯在喜馬拉雅山野外的「家」，和他在新聞影片攝影機前面的時間，是一樣多的。

他的太太法蘭西絲・湯姆斯，是個很有才華和魅力的女人，能夠像一隻變色蜥蜴一樣地依丈夫的需要，而隨時改變自己。第一次世界大戰後，她跟著丈夫跑遍了全世界，那時她的丈夫正在各處講授阿拉伯的勞倫斯以及艾倫比在巴勒斯坦的戰役；而她也做了許多事，一面為回教徒寫祈禱的曲子，一面充當旅行中的助理以及經紀人。

等回美國在他們鄉下的家定居以後，法蘭西絲就成為全國最忙碌的女人之一，忙於招待絡繹不絕的訪客——在她丈夫的書裏出現的許多人物，包括探險家、飛行家、幸運的軍人以及其他許多傑出人物。週末訪客有時更多達數百餘人，真是盛況空前。

當丈夫出外遠征的時候，她就必須忍受許多憂慮的煎熬，例如第一次世界大戰後德國革命期間，她從報社電話裏聽說她的丈夫在採訪一場巷戰的時候，受到了致命的重傷。又如一九二六年，她丈夫所乘坐的飛機墜於西班牙安達奴西亞的沙漠中，而她卻只能遠在巴黎乾著急。

不久以前，羅威・湯姆斯到西藏去旅行，在山上受到了重傷，被當地人肩負著二十多天，終於走出了喜馬拉雅山。二十多天精神受盡折磨，因為除了聽說受到嚴重的傷害之外，什麼消息也得不到。這種痛苦的折磨，我們也忍受得了嗎？

近幾年，她的獨子也要追隨他父親探險的腳步。此後她也需要等著收聽兒子探險的消息了——在靠近鐵波特的法軍前哨、在毛毛族人暴動達到高潮的肯亞、在電訊報導著共軍意外地侵犯寮國時的中南半島。

你仍然覺得做個像羅威·湯姆斯那種名人的太太，是一件輕鬆愉快的事嗎？這故事明白地告訴你，**只有不平凡的女人，才嫁得起不平凡的丈夫**。

當你擠在人群裏看遊行時，是否也想過要和那些州長夫人們換位置，抱滿了玫瑰花坐在車上駛過歡呼的人群？

馬利蘭州州長夫人席爾德·麥凱丁夫人，這個地位也是非常困難和不自由的。文靜、溫柔、嫻雅的她，是她活躍、健壯的丈夫的最完美妻子。

她曾告訴我，自從搬進州長官邸以後，整個生活情形便都改變了。麥凱丁州長絕早起床而又很晚才睡覺，整天都忙於公事，以致連他的太太都很難得看到他。

她解釋，只有在陪著丈夫旅行，或是到城外演講的時候，才能解除掉這些困擾：「我們發覺，在旅途中所享受到的樂趣，比普通夫婦有許多時間在家裏共處時得到的更多。令人興奮的渡假，分享著在旅程上發生的每一件奇妙經驗，使我們珍惜而難忘。」

像羅威・湯姆斯和麥凱丁州長的男人是很幸運的，因為他們的太太不但為他們爭光，而且也能超越名聲和地位所帶來的種種不便。

如果你的丈夫工作特殊，而且會帶來一些不方便，你可以參考下列的原則——

一、如果情形只是暫時性的，不妨笑一笑，忍耐一下吧！

任何人都可以在短時間內忍受任何一件事的。

二、如果這情形是比較長久性的，你就接受它而設法改善它吧！

例如，是職業性的常態，那麼你就必須懂得安排自己的生活。

三、提醒自己——丈夫的成功也就是自己的成功！

如果這種工作對於他的成功是必需的，那就需要靠你去遷就這情況了。如果你因為不喜歡丈夫的工作所帶來的情況而離開他，這就構成了法律上的遺棄了。然而更重要的是，就人情上，這代表著一種愛情的殘缺。

要明白，世界上沒有，也將不會有一個工作是完全只有快樂幸福的。每一種生活方式，都有它的優缺點。對目前的生活發牢騷的人，即使給他最理想的環境，他也是不會滿意的。

第15章 丈夫在家工作時

如果你的丈夫每天在公司或工廠裏工作八小時，你可以不看這章。和丈夫在家裏工作的太太比較起來，你的調適工作要輕鬆多了。但聰明的你何妨看看，因為誰知道什麼時候境遇會有變化呢？

如果丈夫整天在家裏工作，妻子卻又必須在他周遭打點家務，這樣的妻子特別麻煩了。比如，必須墊起腳跟，靜悄悄地在先生工作的隔壁房間行走、必須遷就他要你關掉才清掃一半的真空吸塵器的要求、也不能邀請朋友來家裏玩，因為這些都將打擾這位「一家之主」。

一旦嫁了一個必須在家裏工作的男人，你就勢必調適自己，以配合他的工作計劃。當然，只要你的丈夫有足夠的愛心，時常保持愉快的心情，並且立志完成，就一定可以成功。不是有許多妻子已經做到了嗎？

凱瑟琳的丈夫唐・吉米是個名作曲家，也是NBC交響樂團廣播音樂會的製作指導。他的交響樂作品，常被美國和歐洲每一個主要的交響樂團演奏。他的樂曲也曾經被像亞瑟・費德羅和阿特羅・托斯卡尼等大師級指揮家演出過。還很年輕的時候，唐・吉米就在一個著名的職業樂團裏，令人驚異地成功了。

吉米夫婦是我們在紐約佛斯特山的鄰居。他們的朋友都知道，凱瑟琳・吉米在她先生光輝的生涯裏，扮演了一個舉足輕重的角色。

唐・吉米的音樂作品，大多是在家裏完成的。他的書房在三樓，但不知怎的，他卻更喜歡在餐廳的桌子上寫作。溫柔嫻靜的凱瑟琳也依他；就像她所說的，她只不過是「在他身邊工作」而已，一面照料兩個小傢伙；一旦太吵了，她就哄他們去做一些比較不會吵到先生的事情，設法維持周圍安靜。

凱瑟琳全心照顧她的家。她是個烹飪好手，常常在冷凍庫裏準備了自製的冰淇淋、甜美的蛋糕以及其他點心。但是她都很嚴格地看顧著家裏食物的消耗，必要時就把冰箱下了鎖，用以控制全家人的熱量！

像許多藝術家一樣，唐・吉米受到家庭經濟的困擾，所以凱瑟琳就做他的經紀人，幫他決定接受那一個合約、家裡的用度、以及要如何開源節流等等。他需要新衣之類的瑣事，更是她的任務。

我請教她，當妻子的人應該怎樣幫助丈夫順利地推展在家裏的工作。她說：「等到你習慣了以後，事情不但容易，而且挺有意思的。如果他在錄音室裏工作，整天都不在家裏，我會非常想他的，我是多麼習慣於有他在身邊呢！」

以下是幫助他在家裏有效工作，最有用的幾個簡單規則——

一、設法使他覺得最舒服　然後放下他，去做你自己的工作　沒必要時須抑制去看他的衝動，在必要時才適時地探視他的工作進度。

二、在他工作時不要打擾他　不要讓他去開門、或是付賬給送貨的小弟，你應該自己去做這些事，就像他不在家那樣。除非這棟房子燒起來了，這個規則是毫無例外的。

三、當他還到瓶頸時，你的態度要沉著　當他工作進行得不太順利時，可能會變得煩躁不安，這時你當沉著，設法使他心境轉佳。

四、配合他的時間來安排你的社交生活　除非你家的房子，大得足夠完全把他隔離開來，否則切莫在他的工作時間內招待朋友到家裏。

五、替他安排休息時間　好讓孩子們也有一段可以痛痛快快遊玩的時間，正常而健康的小孩子，不能要他們整天都靜靜的；講理的父親，當然也不希望這樣。如果大家的權利都受到重視，大家就都會更快樂了。

我可以保證，以上規則都是很有效的。因結婚八年來，我丈夫所有的工作都是在家裏做的，所以我很了解自己所說的話。如果你有個整天二十四小時都待在家裏的丈夫，不妨試試凱瑟琳的秘訣吧！

第16章 當你是職業婦女時

倘若你有自己的工作或職業，當放棄它可以增進你丈夫的許多好處時，你甘心放棄這個工作或職業嗎？如果不願意，那麼你閱讀本篇就變得毫無意義了。你一定是想要使自己有成就，而不是幫助丈夫的成就。

幫丈夫獲得成功，本身就是一個需要專業精神的工作。你一定要相信幫助丈夫非常重要，而且必須付出所有的注意力，否則你就無法幫助他了。

以下是個迷人女孩的真實故事——她本來認為自己的職業更加重要；直到後來有件事情改變了她的想法。莎黛是著名的探險家卡維斯・威爾斯的太太，當她認識他時，自己已有了非常熱愛的工作。

沙黛是個成功的廣播與演講的經紀人，須與許多名人接觸，卡維斯・威爾斯也是因為業務和她認識的，卡維斯愛上了她並且和她結婚。結婚的條件是，她可以繼續保持使她迷戀的工作。

三月舉行婚禮。到了六月，卡維斯‧威爾斯就要動身前往蘇俄和土耳其去爬阿拉勒特山。她本想留在家裏工作；但臨行前夕，她竟無法獨自留下來。她說：「就只這一次和你一塊去！」於是他們就出發了，那是一個艱難和挫折的夢魘——雖然這次歷險使卡維斯寫出了那本暢銷書《卡普特》。

當莎黛再回到自己的工作崗位後，發覺她的工作比起這次出生入死的探險經驗，顯然太沒意思了。於是一年半後，她又和丈夫前往墨西哥，去爬帕卡第派特爾山脈，這一次嚴苛的考驗，大部分的時間都是在寒冷、饑餓、疲憊和未知的驚險之中渡過，但同時也感到非常興奮。

山峰上刺骨的冷風，吹走了她堅持獨立做事的最後一絲念頭。她明白了做為卡維斯‧威爾斯的妻子，比在自己的工作上所能得到的任何程度的成功，都要重要得多。從墨西哥回來以後，她就關閉了自己的辦公室。現在，無論海角天涯她都跟著她丈夫，馬來半島的叢林、非洲、日本、冰島、喀什米亞山谷……都有他們的足跡，生活就像是一部充滿驚奇的遊記。

莎黛說：「過去的我認為擁有自己獨立的事業是很重要的，現在回想起來，覺得太孩子氣了，比起我與卡維斯共享的這些體驗，過去的生活是多麼的無味和狹隘啊！我很高興把我的興趣和他交融，以及和他共享勝利及成功；而當失望和麻煩來臨的時候，我們就一起面對它。

「我想我所獲得的最大褒獎是卡維斯在他那本《卡普特》書上所寫給我的獻辭：『獻給我最好的朋友——吾妻莎黛。』我生平所受的讚賞，再沒有比丈夫給我的愛的獻語，更令我滿足的了。」

莎黛是在一個很戲劇性的情況之下改變心意的。但有許多妻子們都發覺到，增進她們所愛的丈夫的幸福與利益，就是她們最有價值的「職業」，莎黛就是一個典型的例子。

我不但沒有忽略許多由於環境的因素，而須外出工作的妻子們，並且還要致上最深的敬意的。我相信婦女們應該有能力，以她們自己的勞力來賺錢維持生活，因為生命是多變化的，誰能預知自己可能在什麼時候須擔起一家生計，而生病、死亡、失業和災禍可能會搗毀掉原先最好的計劃。

事實上，幫助丈夫就是一個很大的工作，須要妻子全力以赴。一個妻子如果盡責地全神貫注在自己的職業上，就不會有足夠的餘力去幫助她丈夫成功了。當然，每一件事情都有例外，但是經驗使我相信，夫婦雙方如果目標和興趣是一致的，則丈夫的成功和婚姻的幸福都是可以預期的。

所以，下一個必須注意的重要原則就是——

如果你的工作和你丈夫的幸福與利益有所衝突之際，

最好能心甘情願地放棄自己的職業。

第17章 不要成為被丈夫拋在背後的女子

T．W．海斯夫人在十四年前結婚時，有怕生的毛病。她說：「我很害怕和陌生人接觸，也害怕公開的宴會，我膽怯得無可救藥。」

海斯先生是個年輕有為的律師，在當地的政治圈裏很活躍。這樣的人當然是交遊廣闊，三天兩頭地參加會議，以及各種社交活動。雪莉．海斯——他的新娘，很害怕地了解到自己到了那兒應該做的事。她該怎麼做才能克服她面對人群的膽怯，而幫助他先生在社交上成功？

她實在沒有把握！但如果她沒有辦法克服自己的膽怯，對丈夫實在是過意不去。「人們最感興趣的是他們自己，所以，在談話中，你可以把話題集中在別人身上、他的困擾、他的成功。把你的注意力集中在他身上，你自然就會忘記你自己的存在。」——這些話啟示了雪莉・海斯，她決定要試試這個方法。

結果真的有效！她說：「我因為真正對別人發生興趣而漸漸地不再害怕了，我發覺他們也都有著種種問題和煩惱。當我更加了解他們以後，我就開始喜歡他們了。現在，我急於找到新朋友，我和他們處得很愉快。我已經喜歡在自己家裏招待客人，也很喜歡和我的丈夫出去拜訪人，他現在已經是州裏的參議員了。最重要的是，我很高興並沒有因自己不擅社交應酬，而阻礙了丈夫的成功。」

每一位妻子都有訓練自己，幫助丈夫事業成功的責任。無論丈夫從事什麼工作，妻子如果有和旁人親切相處的能力，她就能推動丈夫向成功之路大步邁進。

如果妻子天生就有這種能力，當然最好；否則她就必須培養這些能力，就像海斯太太那樣。這是作為成功男人的賢內助的必備條件。

某州州長曾悄悄地告訴過我，他成功的最大原因，乃是得力於機智、有教養和有魅力的妻子。他自己是生於「遙遠的海外」，長大於大都市窮困的移民區裏。

「如果我娶了個鄰近的女孩，我很懷疑自己是不是會有自修的動機，而在世界上出人頭地。我的妻子，感謝上帝，她具備著我所缺乏的每一件東西。她是我心靈的支柱，不管我周旋在皇親貴族之間，或者是要出入下層社會場所，她都可以應付自如。」他如此說著。

千萬不要認為反正現在丈夫地位低，根本用不著自己去幫什麼大忙。要知道商界業、工業界以及職業上的明日領袖，都是今日沒沒無聞的青年，沒有人是一開始就站在最高峰的。為了十年、二十年或是三十年後丈夫成為頂尖人物時不至於木訥膽怯、不擅交際，現在就趕快做好準備不是更好嗎？聰明的你，馬上做準備吧！

如果你覺得像雪莉一樣，就馬上驅除這些羞怯吧。如果你覺得笨拙或是不擅交友應對，你就該學會喜歡、尊敬和欣賞別人。如果你覺得教育程度不夠，那就不該再搬出那句老掉了牙的藉口：「因為我沒機會上學啊……」你要立刻走入夜校；如果你付不起學費，用跑的，而不要用走的，趕快到最近的圖書館去。

被丈夫拋在身後的妻子，是因為她沒有同甘共苦的資格，並不值得同情。這種人，不是太懶就是無能，總是毫不用心於利用圍繞在我們每個人身邊的無數向上的機會來改進自己。

「配合丈夫的工作步調來調整自己的步伐，是創造婚姻幸福的真正關鍵。」這是艾立克・鍾斯頓夫人說的，她是美國電影協會會長的夫人。

她勸告那些想要趕上丈夫事業步調的太太們，要多參加社交活動以拓展自己的交際，而不要把自己的交遊侷限在一個小圈圈裡。

鍾斯頓夫人同時又說：「也許你會認為，你的丈夫並沒有需要你協助的社交性工作。當初我丈夫也沒有這種事業，他只是個挨家挨戶推銷真空吸塵器的人。當時誰會想到他在未來將會打出什麼天下。我所知道的只是他漸漸地創出一番局面。」

未來會是個什麼樣子？沒有人知道！但是聰明的人會做好準備以待機會來臨的。學習如何廣結朋友，以及與人的相處，這是在你的丈夫成為重要人物前，須事先做好的準備，不管他的職業或社會地位是什麼，這是一種永遠可以幫助他的技術。如果丈夫口訥於言，不善交際，一個機靈的妻子，將可以幫助他彌補這項缺失；而如果他在這一方面已經相當機警圓滑了，做妻子的也有需要幫助他——以免讓他被人覺得太荒謬可笑。

當我蒐集本書資料時，曾訪問了美國最大公司之一的人事主任，做了一次愉快的會診，他很驕傲地告訴我，他有時候會因為太投入於工作，以致忽略了別人的感覺。但是他的妻子永遠不會因為太忙而這樣。他說：

「就在最近，我氣沖沖地跑到我們的洗衣店，向老闆吼著不准我的衣服洗得有點偏差！他愁眉苦臉地對我說：『要是你的太太來，我總是覺得好過一點。』每個人都喜歡我的太太，她既仁慈又和善。她真的很體諒別人，絕不使人感到厭煩。

「當我們走過鄰居希臘人所開的店鋪時，她就用希臘話和他招呼；在街尾的另一個轉角，她就用義大利話向那賣水果的男人寒暄。他們根本都不理睬我；因為不怕麻煩地學會他們的語言去同他們招呼的是我太太，而不是我啊。這就是她深獲人心的做法，而她也確實是到處受歡迎。」

這樣的女士，我真想認識她；難道你不想認識她嗎？

友善與和氣，是無價的資產。工作繁忙的男人，常因太投入於工作上的技術層面，而忽略了滋養人生的溫情；如果他有個無論走到哪裏都能夠製造出一團和氣、溫暖人心氣氛的妻子，他將是多麼的幸運。這樣的女人，儘管丈夫如何了得，她永遠都不會被拋落在背後的。她是她丈夫選派到世界各地去的親善大使。

有許多方法，都可以使一個親切的女人促進她丈夫良好的社會基礎。一如所有的技術那樣，這個方法也需要經常練習。

漢斯夫人，她先生是美國新聞廣播人協會的會長，她在社交方面的協助本領真是高明。她說她已經被叫做「打岔專家」了，因為她有第六感，知道何時應該打岔，以及如何打岔。

當我去訪問她時，她告訴我，如果他先生的話題拐錯了方向，她就會抓住一個適當的時機說：「漢斯，為什麼不談談……的事情呢？」一方面提醒丈夫，一方面使人把注意力移開不太愉快的話題。

漢斯夫人還懂得如何使她那受歡迎的丈夫不致過分勞累，在他講演結束以後，許多人都想要和他握手，要是站在那兒和他談上半天，那對他的健康是不利的。漢斯夫人總是在適當的時機告訴他，他們的車子正在外頭等著，或是他們已經趕不上一個約會了，而巧妙地把丈夫帶走。

有一次，在市政廳演講以後，漢斯先生被聽眾們的許多問題留住了，漢斯夫人知道如果演講不馬上結束的話，她的先生將會累慘了。於是她站起來說道：「對不起，我有個問題：漢斯太太在問漢斯先生什麼時候才可以回家吃中飯？」聽眾們都一致附和她了——於是漢斯先生才能脫身回家吃中飯。

另外還有一件重要的事，可以使妻子造就出一個成功的丈夫，或者是造就出一個她希望將會成功的丈夫。但是首先需要雙方有足夠的愛心，體貼和合適的時機，否則可能會帶來相反的後果。

這任務就是：**妻子要防止丈夫對於成功的驕矜自滿**。

我們已經提過許多鼓舞男人進取的方法。但是有時候男人也需要被貶抑一下，才能保持他的理智而不致於變成一個盲目的自大狂。

能夠成功地做到這一點的女人，是值得一生感激的。狄斯雷里提過他的太太是他最嚴苛的批評家，而且也因此而自傲；而她使得她那飄然欲飛的丈夫能夠踏實地創作。

另一位當代名人也告訴我：他太太在適當的時候所給他的親切貶抑，對他的成功可說是最大的貢獻。

他就是里曼・畢奇・史東。他的祖母荷里特・畢奇・史東寫過《黑奴籲天錄》，而他自己是個名作家和大學講師。他說：

「當我開始到大學授課的時候，很幸運地，我的學生都很喜歡我。下課後他們總圍著我，對我大加讚賞，使我真有點飄飄然了。當時我對於自己，真的是陶醉得暈暈然了，我迫不及待地想跑回家去告訴太太，說她嫁的是一個多麼偉大的天才。

「每當我做一件新的工作，或是接下一個有所冒險的事，她總是會幫助我建立自信心，所以當她對我這些得意的情況反應冷淡時，我感到相當驚訝。她說——你做得這樣好我真感到高興，但千萬不可被諂媚得昏了頭。除非今後仍然努力用心保持你的水準，否則這些今天稱讚過你的人，明天也將棄你而去。

「還有一次在某個大廈的奠基典禮裏，我在一大群人面前講演。我覺得我在這個場合裏已經完全把自己表現得淋漓盡致，我覺得自己是自威廉・布里昂以來最偉大的演說家了，於是我又有些飄飄然地回家。

「我沾沾自喜的把講演的高潮重演一次，並把得意的細節不厭其煩地重複說了好幾次。然後我坐下來等待著她的讚嘆。她卻對我微笑著說——那真太棒了，親愛的，但是那些出資蓋大廈的人呢？我覺得他們似乎更值得被讚美——你的演講只不過是在對他們表示敬意而已。

「她說的真對。我的驕傲隨之就像肥皂泡那樣消滅了。我發覺我差一點點就變成一個驕矜自大、自欺欺人的小丑了。真要感謝我太太的愛心和敏感，使我能了解我自己，並知道自己的努力是不夠的。」

海斯夫人、鍾斯頓夫人、漢斯夫人、史東夫人——這些女士們都知道如何和她們的丈夫一起生活——並且能夠替她們的丈夫爭光。

她們的做法是盡力到處贏得友誼，在任何一種場合的社交都能勝任愉快，而且使自己的丈夫腳踏實地，不會驕矜自滿。

任何女人如果能夠做到這些，就不必再擔憂自己會變成——「被丈夫拋落在身後的女人」了。

《摘要》

如何適應各種情況——

一、如果情況需要，就應該心甘情願地跟丈夫搬到新環境去。

二、當丈夫必須工作過量的時候，要配合並協助他。

三、要下決心去適應他的工作所帶來的特殊情況。

四、如果丈夫必須在家裡工作，不要打擾他，並要使每個人都感到舒適。

五、如果自己的職業和丈夫的利益有了衝突，請乾脆放棄自己的工作。

六、趕上你的丈夫——不要落在他的身後。

第五部
協助丈夫應該注意的盲點

第18章 何以男人會離家

桃樂絲・狄克斯寫道：「一個男人在婚姻裏能不能得到幸福，他太太的脾氣和性情，比其他任何事情都來得重要。她可能擁有全天下的每一種美德，但如果她脾氣暴躁，嘮叨挑剔或個性孤僻，那麼即使有再多的美德也都是枉然的。

「許多男人放棄了奮鬥的機會，因為他的太太不斷對他的每一個抱負和心願澆冷水，她那些無休無止的挑剔，例如，不時地責問自己的丈夫何以不能像她所認識的某個男人那樣賺大錢，或是她的丈夫為什麼寫不出一本暢銷書、得不到某一個好職位……這樣的女人，怎會不使丈夫感到喪氣呢！」

真的，對男人而言，嘮叨挑剔比起奢侈浪費，是更大的不幸，而不做家事和行為不貞，也會增加家庭的痛苦。關於這一點，你倒不必馬上相信我的話。先聽聽專家的話吧。

路易士・M・特曼博士，是名心理專家，曾對一千五百多對夫婦做過詳細的婚後生活調查。結果發現，丈夫們把嘮叨挑剔，列為一個做妻子的最嚴重的缺點！蓋洛普民意測驗也得到了相同的結果。男人們都把嘮叨挑剔，列為女性最嚴重的缺點。另外一個著名的科學研究機構──詹森性情分析，也發現沒有其他惡癖會像嘮叨與挑剔那樣替家庭生活帶來這麼多的傷害。

然而，似乎自從穴居的上古時代開始，太太們就竭力要以嘮叨挑剔的方式來左右自己的丈夫。

傳說蘇格拉底為了逃避他那脾氣暴躁的太太，曾花費自己大部分的時間躲在雅典的樹下苦思哲理。法國皇帝拿破崙三世，和亞伯拉罕・林肯等傑出的大人物，也都受盡了妻子嘮叨之苦。奧古斯丁・凱撒和他的第二任妻子離婚，因為就像他說的，他實在「無法忍受她那暴躁的脾氣」。

至今仍有女人想以嘮叨的方式來改造丈夫。但不幸得很，自古以來這種方法，就從沒有發生過效用——有一位老朋友告訴過我，他太太一直輕視和嘲笑他所做的每一件工作，他的事業幾乎要被太太毀了。

剛開始他是個推銷員，喜歡自己的產品，並且很熱心推銷。晚上回家時，他本來很想得到一些鼓勵，但他的太太卻以這些話來回報他：「好哇，我們的大天才，生意不錯吧？你帶回來不少佣金了吧？或是只帶回來推銷部經理的一頓訓斥呢？我想你一定知道，下個星期房租又到期了。」

好幾年來，雖然不時受著冷嘲熱諷，這位男士還是努力不懈。現在他已是全國著名的公司裡的執行副總裁了。至於他的太太呢？噢！他和她離婚了，而且又娶了一位能夠給他愛心和支持的年輕女孩，這是他的第一位妻子所不能給他的。

事實上，第一任太太並不知道自己為什麼會失去了丈夫——「我省吃儉用，吃苦了這許多年……現在他不再需要我替他做牛做馬就丟開我，去找年輕的女人了，男人竟是這樣沒良心啊！」

如果告訴這位女士，使得她的丈夫離開的，並不是另外的女人，而是她自己的嘮叨挑剔，想必這位女士也是不會同意的。但這的確是她丈夫離開她的原因。

她是以一種輕蔑的方式來嘮叨和挑剔，這對於男人的自尊是一種無法忍受的打擊和折磨——打垮了他自認為有能力賺錢養家的男性自尊。

最近，另一位老朋友的兒子也有相同的經驗。

他是個二十多歲的青年，從事廣告事業，因為競爭非常激烈；他渴望安慰和體諒來維持他的鬥志。但他的太太好強且充滿野心；因此她很不耐煩丈夫手腕不靈活、動作又太慢。

由於太太不停的嘲笑與指責，使他意志消沉。他親口告訴我，最難忍受的事情，是他的太太已經一點一滴地把他對自己的信心腐蝕掉了，就如滴水穿石一般。他開始對自己的工作感到施展不開和沒有信心；終於他丟了工作，而他的妻子不久也就和他離婚了。

離婚之後，他又漸漸地拾回失去的自信，就像是一個生過病的人，又逐漸恢復健康那般。

嘮叨挑剔的一種最具殺傷力的方式是，動不動就拿一個人來相比。比如：「為什麼你賺不到更多的錢？比爾·史密斯已經爬了兩級，你卻還在這裡！」、「哥哥買得起皮草大衣給嫂子，當然啦，那是人家知道怎麼賺錢呀！」、「如果我嫁給赫伯特，一定可以過得舒舒服服的！」這些就像一把把利刃……訴苦，抱怨，比較，冷嘲熱諷，喋喋不休；凡殘酷的女人，對於這些手段不是專精其一，就是兼而有之的全能。嘮叨就像麻醉劑，學不來也改不掉，它是習慣養成的。

如果一個二十來歲的妻子，就愛常常嘮叨：「不知什麼時候，才能住進像麥金家那麼好的新房子！」那麼到了四十歲的時候，必定變成一個令人憎惡的，對任何事情都不能滿足的無可救藥的抱怨專家。

婚姻生活裏，很少有夫妻從不吵架的。性格成熟的人，承擔得起一個尋常的爭執，而不致情感破裂。但是無休無止的長期嘮叨所產生的壓力，常常會壓垮一個人的進取心。一個男人，不論他在白天曾經做出什麼大事，如果他每天晚上回家後，碰到的都是那個喋喋不休的太太，相信他又會從頂點摔下來。

維吉尼亞大學教授沙姆・史蒂文生博士在最近講演中，呼籲美國的丈夫們，應該享有四大新自由：免於妥嘮叨挑剔的自由，免於被使喚的自由，免於消化不良的自由，以及在一天繁忙的工作之後，可以舒舒服服地在清爽的家中休息的自由。

為什麼女人老要對她們的丈夫絮絮叨叨？理由可真不少。當嘮叨是一種身體不舒服的徵候時，找醫生做健康檢查，可以幫助我們得到健康，這就如同時常檢查我們的汽車，以使它們維持良好的狀況。

長期困乏，常常會轉化成嘮叨。治療的方法就是找出疲乏的原因，並消除它。

心理學家說：「受到壓抑的打擊，常會造成嘮叨。」親戚的問題、性的挫折、愛的失落、對人生的不滿，這些都是典型的打擊。人們常以嘮叨、抱怨或訴苦的方式發洩出來。分析一個人的心理，並且引導它們發洩出去，做一些有關這方面的事情，便是消除它的最佳途徑。以嘮叨的方式來發洩，只不過是火上加油而已。

甚至法律上，有時也會把嘮叨當成減輕刑罰的依據。瑞典斯德哥爾摩發出的一則電訊，瑞典國會對於謀殺判罪的一個使人十分驚奇的修正法案——將把預謀殺人的罪行判成過失殺人，而不是謀殺——如果能夠證明受害人是一個喜歡嘮叨的人！

喬治亞州最高法院的一個判例，如果丈夫為了躲避妻子的嘮叨，而把自己鎖在客房裏是無罪的。法庭的說法是：「所羅門王說：『與其在大廳裡受女人的閒氣，不如住到閣樓的角落裡。』」

一位英國法官批准了一個男人和他那與人私奔的妻子的離婚，但是卻把丈夫所要求的賠償金，從七千元刪為二百一十元，這位法官解釋說：「由於長年不睦，妻子對於丈夫的價值早打了折扣。」

紐約《美國新聞》雜誌專欄作家哈•貝爾，曾批評此案：「有哪位妻子願意法律明文記載她的價值已經因為夫妻失和而逐年遞減了？這並不是一個很妥當的判例。一旦養成這種觀念，恐怕很多丈夫們會跑來法院：法官，我要離婚，但請你不要叫我負擔那個毫無道理的贍養費。我那老婆和我一向不睦，她早就值不到一個銅板了，我只要讓她自由就好了。」

有些男人不但願意讓他太太恢復自由，甚至不惜籌款設法擺脫她呢！

紐約最近一期《世界電訊》雜誌上，記載有關不擇手段的男人的故事：五十歲的卡車技工，雇了三個流氓殺死了自己的太太。為什麼呢？他宣稱是由於他的太太一直不停地對他嘮叨和挑剔。

如果嘮叨對男人的工作和成功是這麼大的絆腳石，你是不是想知道，有沒有什麼補救的方法？除非愛嘮叨的人能夠了解她所帶來的不幸，且誠心改過。一個人只有在知道自己有病時，才能進一步治好它。

嘮叨是一種破壞性的心理疾病。如果你懷疑自己有這種病，請快去問你丈夫！如果他說你是個嘮叨的人，請不要馬上生氣地爭辯；這只能證明他的看法沒錯而已；相反的，你要馬上設法醫治這個病症。

以下是六個可能對你有益的建議——

1．取得丈夫和家人的合作

當你每次發牢騷破口大罵，或是對著早就發霉的問題喋喋不休時，請他們向你罰兩毛半的錢。

2．養成把話只講一遍，然後就忘掉，不再重提

在必須很不耐煩地提醒丈夫六、七次，說他曾經答應過要去除草的情況下，想必他現在不會去做了，為什麼你還要白費唇舌？嘮叨不過使他更反感，而下定決心絕不屈服而已。

3．想辦法使用溫和的方式達成目的

常說的話。「用甜的東西抓蒼蠅，要比用酸的東西有效多了。」這是我們的老祖母常說的話。這句話至今仍是真理。「如果你願意去除草，親愛的，晚餐我將烘好你最愛吃的蘋果派。」或者是：「親愛的，真高興你把我們的草地修得這麼整齊——艾倫太太正在說她的丈夫要能夠像你這樣勤快就好了。」類似這樣的方法，將更加容易使你的希望達成。

4．要能輕鬆幽默

幽默將會使你常保愉悅的心情。固然在悲傷的場合露出笑臉會被人說傻里傻氣，但是對於小事情都要當成悲劇來演的話，早晚一定會精神崩潰的。

有些太太在催促丈夫到浴室去拿浴巾的時候，竟然也大動肝火，嚴重得如同拉雪爾在哀悼自己的孩子，或者是像馬克白夫人鼓勵丈夫去謀殺國王一般。凡有理智的女人，都不會浪費到對一件便宜衣裳付出船來品的價錢，但在我們之中卻有人常常白費精神，緊繃著一張臉，為了一些微不足道的小事而把一切都轉變成怨恨。

5．冷靜地討論重大的不愉快事件

有不愉快的事，儘量寫在紙條上。等你和你的丈夫都很冷靜和理智時，再拿出來讀讀看。這時，倘是微小而不重要的事，你一定不好意思再提起，而丟開它們；否則，不妨把心事拿出來理智地同丈夫商量，看看能不能利用彼此相互的信任和合作共謀解決的辦法。

6．要對自己不需嘮叨就可達成目的之能力感到驕傲

研究和練習人際關係的藝術。巧妙地激勵別人，而不是勉強別人去做你想要的事。查爾斯・史考伯說這才是讓男人合作的秘訣。不錯，就因為他有這種能力，才會有人付他一百萬美元的年薪！

正如某一首歌那樣，你不能用一把槍獲得一個男人，同樣的，也不能用嘮叨話來折服他。否則，你只會挫折他的意志，毀滅你自己的幸福而已。

第19章
其實你只是在扯後腿

最近的一個晚宴裏，我坐在全美最早設立的某公司工業關係部經理旁。我請教他，妻子應如何才能幫助她們的丈夫成功。

他說：「有兩件最重要的事情，第一件是愛他，第二件是不干涉他工作。一個可愛的妻子，將會為她的丈夫創造一個愉快和舒服的家庭生活。如果她能夠體貼得讓自己的丈夫安心地埋頭工作，他的丈夫將能發揮出全部的能力而獲得成功。」

他進一步說，這個體貼的態度可以直接應用於妻子和丈夫工作的關係，以及妻子和丈夫業務夥伴的關係。

「有些妻子喜歡多事地干預丈夫，去反對和他一起工作的人，或是抱怨丈夫的薪水、工作時間和責任，活像是丈夫經營事業的非正式顧問。這種妻子最能扼殺丈夫的前途。」

許多新娘子都會做著以機靈幫助丈夫爬上經理寶座的美夢。她們計劃出一些策略；她們進行各種活動；她們試探、嘗試，並且在丈夫工作的人員裏培植友誼。通常，她們會弄巧成拙，使得自己的丈夫連原來的職位都斷送了，而不是升上一級。

我曾經遇過這種事：有一天我工作的小公司裏來了一位新的經理。他很機敏，看來很適合這個職位。而令人不解的是，他的妻子竟然始終干預著他。每天早上她都和他先生一起來到辦公室，記下她先生的話，交到外頭給打字小姐，或是調閱什麼文件。這絕非我捏造的，而是真實的事。

辦公室的工作情緒被破壞了。首先有位女職員辭職了，我們剩下來的人也都在觀望著伺機而動。這位新經理到任還不到一個月，就被叫到人辦公室去，董事長禮貌地告訴他，不能再留他了。於是，他走了——帶著他的太太一起走了。

太過分了嗎？也許是吧；但有許多人都因更輕微的原因就被解雇了。妻子的干預，即使有著最好的動機，也都是一件冒險的事，其嚴重性比大多數人所知道的更有過之。

最近有個朋友告訴我，他公司裏一位最受器重的經理，在服務多年以後被迫辭職了，只因他的妻子喜歡干預他的工作。她設計了許多陰謀企圖對抗公司裏的其他幾位經理，因為她認為他們是她丈夫的敵手。她在這些經理的太太之中挑撥是非，有計劃地散佈謠言攻擊他們。她的丈夫對她無可奈何，於是只好做了他唯一能做的事：辭掉了他那足以傲人的職務。

如果你是幕後牽線的信徒，我將告訴你更簡單方法。以下列出了十種，你可以依照指示「扯你丈夫的後腿」，把他從階梯上拉下來，使他爬不上去。如果依照以下的指示去做，縱使還無法使你的丈夫失業，至少你也會使他變得神經衰弱！

1．對他的女秘書存心猜忌，尤其對那些年輕貌美的。

不要錯過提醒她，她只是個佣人的機會。雖然她並不把你的丈夫看成想要追求的天才，但是你也不能因此放過她。固然，失掉一個好的秘書，對一個有事業心的男人來說，是個很大的損失，但如果她辭職了，也不必發愁，因為你的丈夫還可以使用一部記錄機器。

2．每天老是不停打電話到他辦公室。

告訴他你在家裡碰到的瑣事，問他中午同誰一起午餐，不要忘了開給他一張購貨單，要他在回家的路上買回來。發薪日別懶到不去他的辦公室去找他，他的同事才會知道誰才是一家之主，而你丈夫的工作精神，馬上會像那即將垂死的植物一樣迅速凋萎。

3．和他同事的太太製造一些磨擦。

這將會很熱鬧的，因為那些太太們沒有一個是好人。你可以散播一些閒言閒語，說說上司曾經怎樣批評她的丈夫，以及你的丈夫對她丈夫的看法等等。相信不久整個辦公室就會分裂成許多派系——而你的目的達成了。

4．跟他說他的工作太多，而薪水太低了，且在辦公室裏也沒有人器重他。

不多久，他就會開始相信你的話，且以行動反映在工作上，然後他就會去找另外更適合他的工作——失業。

5．不停地嘀咕，他該如何改善工作，如何增加銷售以及如何奉承上司。

擺出一副最高指揮官的態度。畢竟他只是在辦公室裏指手畫腳而已；而你才是真正的大謀略家。

6．舉行豪華舞會，揮霍無度，過著入不敷出的生活，使先生像個成功者！

你會生活得很舒適，而且——很多人在背後竊笑你。

7．佈好偵探網，長期偵查丈夫和他的女職員以及同事太太之間的關係。

女士們因工作上的關係必須留下來，而男士們為了避免和她們過多的來往，只能在男士的房間裏工作，這種事實在你看來是毫無意義的。因為你早知道那些女孩子個個都是色情狂、喜歡勾引男人的野女人。

8．每當你有機會向丈夫的老闆眉目傳情時，你就儘量使出渾身解數吧！

在你努力以後，如果老闆還沒有要開除你的丈夫的意思，老闆娘也會特地為你的先生找個新上司，讓你再試試你的計策。

9・在公司舉辦的宴會裏，你不拘一格，大出風頭……

表現表現你是個多麼懂得幽默的人——說一些你丈夫渡假時如何玩鬧，或者他穿多麼可笑的睡褲上床……這些有趣的小事，將會帶給宴會上的人群許多笑料。你將會變成宴會裏最出鋒頭的人物——拿你的丈夫來尋開心，你將有說不完的資料來發表你丈夫的趣事。

10・當你的丈夫必須加班或出差時，你就同他吵嘴，向他抱怨和嘮叨……

讓他知道你才是最最重要的，你最值得照料而且應該受到照料——任何代價都應該犧牲。如果你想要使用一流的手腕，毀掉你丈夫升遷的機會，大小姐，你就儘管依著上述的十條規則去做吧。結果是，他將失去他的工作，而你將失去丈夫！

第20章
不要逼他超過能力的限度

當珍・威爾斯在一八二六年嫁給湯姆。卡萊爾的時候，她的許多朋友都背地裡說，她已經把自己的幸福斷送掉了。珍既漂亮，又是個鉅額遺產的繼承人，大家都認為她可以嫁一個更好的丈夫。湯姆・卡萊爾非常聰明，但同時也相當頑固而不合時宜，他沒有一毛錢，也沒有什麼可以預期的前途——他有的只是聰敏和才華。

珍的婚姻，以及她那冷峻嚴厲的蘇格蘭丈夫已經變成一個傳奇了。她看著自己的丈夫被推為愛丁堡大學名譽校長，在倫敦受到了偶像化的崇拜，而且成為像《法國大革命》與《克倫威爾的一生》這種古典文學的聞名作者。他們位於查登爾西斯的家，也變成了當時所有文學天才的聚會所。

珍原為才華出眾的詩人，但為了有更多的時間去幫助丈夫，就放棄了自己的寫作，離開了家庭和朋友，而和丈夫到一個孤立的蘇格蘭僻靜鄉村，她的丈夫因此才能不受干擾地著述。

在那裡，她自己縫製衣服，做個儉僕的家庭主婦。她照料著丈夫的慢性胃病，並且撫慰他長久以來的鬱悶。當她丈夫的書開始吸引世人注意後，她就和能夠欣賞丈夫才華的人交往。在社交圈裏，有許多美麗的女人都很欣賞她的丈夫，她也很能忍受她們，因為她們能夠使她丈夫的作品引來四面八方的注意。

但珍最令人敬佩的是，她從來沒有想要改變她丈夫的個性。在一封目前很有名的信裏，她寫道：「我並不鼓勵每一個人都變成一個模式，我寧願用粉筆在每個人的周圍書畫個圈圈，勸告他們不要踏出圈外，而盡力發揮其圈內獨特的個性。」

換成別的女人，可能會想要改善卡萊爾先生的一些不隨和的個性。自然，這也是為了他自己。可是，珍卻只是一心幫忙他發揮他自己的個性。她喜歡她先生的本色，而且她希望世上的人，都能夠接受她先生本來的樣子。

真的，幫一個男人了解他自己的能力，和硬逼他去做超出能力的事的兩種態度之間存在著一種微妙的界限。要認清一個男人的能力限度，不可以硬要他去做超出能力的事，這是女人應有的認知。

對珍來說，她並不想把很有智慧的天才丈夫，改造成一個彬彬有禮的社交名人。她很尊重卡萊爾獨特的個性，所以她只在他周圍留意著，而不把他推出這個「圈圈的界限」。

當太太的人，未必都能這樣明理。許多男士都因被迫去做超過自己能力限度的事，而神經衰弱——通常都是因為他有個野心家妻子。

有許多在低層職位的人，工作得很好也很快樂。若要逼他們去爭取不適合的高職位，就會把他們折騰得患上胃潰瘍或提早進入墳墓，因為所有增加的壓力和責任，並不是他們的神經系統所負荷得了的。

成功的意義，是指我們把適合於自己的志趣、體力和性格的工作做得很好。史威特・馬丁說：「一流的挑夫，比其他任何行業的二流角色，都要更好。」人的目標，並不在於當將軍或是董事長。但我們都太致力於誇大地位和頭銜了，那些不以最高職位為目標的人，往往被認為是不長進。他的妻子也因此覺得這是個莫大的壓力，就會開始刺激他。

就社會和經濟的價值觀來看，他不但必須追上某人的地位和收入，且還要發瘋一般地超越他們。因此不足為奇的，在某些方面我們就被認為是個神經病的國家了！

耶穌不就問過信徒：「你們之中有誰能夠因為苦思和憂慮，而使自己的壽命增長一些呢？」當然，沒人辦得到；然而每天仍然悲劇重演，因為有那麼多太太們還是自認為她們可以辦得到。

我認識一個女人，她為了使她的丈夫成為白領階層的辦公人員而努力了多年。剛結婚時，她的丈夫是個快樂而能幹的水管工人，她卻恥於讓朋友看到自己的丈夫帶個便當（**即使裝滿了上好的菜**），而朋友們的丈夫都提著公事包（**雖然裏面也許空無一物**）上班。所以她就插手管了。

為了使太太高興，這位原本快樂而滿足的可憐的傢伙，就跑到一家大公司去謀職。多虧他的太太悉心指點，幾年下來，他在重重困難中好歹也升了幾級。如果他繼續當水管工人的話，收入可能就不只這些了，但是他現在已經放下螺絲起子而改拿筆桿了，而且他太太也才覺得有面子！

他是個對工作厭煩的普通書記，在工作上得不到樂趣，但是他的妻子都從不吝於告訴她的女伴們，說她是如何把自己的丈夫從工人階級裏拉拔上來。

強迫一個男人，只能委曲他放棄喜愛的工作，而從事不喜愛的工作。有時候還會促使他離開已經很合適的工作，而硬要往上竄。放棄一份有資格接任的高職位，是需要勇氣的；然而升級有時候也會帶來不幸呢！

檀香山警局的克利夫・休斯曼，住在檀香山海登街三二五九號，在他的小女兒出生以後不久，他奉調到另一個單位。這一調職雖然收入增加，但同時也需要增加工作時間，而且壓力也加重，以致他忙得無暇照顧太太和孩子了。但是做為一個盡忠職守的警察，他仍然接受了這項調職，而準備竭力去做好。

他看起來似乎過得還不錯，但不久他就開始瘦削、失眠、脾氣暴躁，最後他去找他的醫生診查。

醫生是他的朋友，首先在他身上找不出什麼毛病來，但是在經過一段長談以後，醫生認為他的病是自身造成的麻煩。醫生打電話給警察局長，告訴他休斯曼長此以往是會倒下去的，除非再被調回到巡邏部的老崗位上，否則警方就要失去一個好幹部了。

休斯曼終於被調回來了，而他的健康也馬上恢復過來，能夠正常地吃睡，體重也恢復了，心情自然也愉快了。

休斯曼說：「從這兒我得到了教訓，對我來說，做一件喜歡的工作，比領取高薪要重要多了。勝任、健康、幸福、滿足，比金錢要重要多了。」

休斯曼很幸運地能夠及時得到這個教訓，但有些人從無這種機會，而糊裡糊塗地過日，以致追悔莫及。

讀過約翰•馬卡特的小說《沒有退路》的人，一定會記得在那個社會裏，無論學校、俱樂部、衣服和生活方式，所謂「正統」是比個性更加重要的。所以那個妻子就不斷地逼他的丈夫，要一層層地爬上階梯，以滿足她的虛榮心。

這位丈夫雖然不那麼熱中於這種成功，但還是遷就於妻子的計劃，直到最後想回頭卻為時已晚——他發覺自己已經深陷於一個不適合於他本性的社交圈裏而動彈不得了。

野心過大甚至可能造成更嚴重的後果。最近一期的《時代週刊》裏的這行標題吸引了我的注意力：「美國官員為他的野心所殺。」

一位四十一歲的國務院官員上吊自殺了，原因如警方所說，是由於「野心受到了挫折」。負責調查的警方解釋說，這位自殺者一直野心勃勃地想做個外交官，但是他在國外服務考試中已經連敗三次了。

最重要的還是要滿足於我們能力範圍以內的工作，而不要害了我們自己——或是我們的丈夫——不要千方百計去謀取超出我們能力範圍的成就。

彼德・史丹克博士，在他那本《如何停止謀殺你自己》的著作中，責備那些過分逼迫自己丈夫的妻子們，她們要自己的丈夫馬不停蹄地努力，以謀取比她們的鄰居更多的財富，更好的名聲和更高的生活水準。

史丹克博士說：「這種女人天生就是求名利的，或者是後天影響所致，但總之，這些野心家摧毀了許多家庭的幸福。」

因此，讓我們容許我們的丈夫去發揮他那獨特的個性吧；而不要企圖強迫他進入我們所認定的——屬於「成功」的模式裏。

恩特萊・莫洛在《生活的藝術》一書中說：「一個作家不可能寫好各種小說，一個政治家不可能改革好每一個小節；一個旅遊家不可能走遍每一個鄉村。」

由以上這些例子，我們可以得出一個結論——「**總之，最重要的是一個人對不適於自己的事，就必須堅定地不去實行。**」

如果你希望你的丈夫獲得最大的成功，請你鼓勵他，愛惜他，並和他合作。

讓他自由地發揮其才能，而絕不可硬逼他。

第21章 鼓勵他勇於冒險

一八八〇年代，我的祖父查理士・勞勃特本來是在堪薩斯州務農，後來他想要移居到印地安・塔里特利去，試試他能夠在這個邊界殖民區裏做出什麼事業。於是他和妻子哈莉就收拾好他們的行李放進一輛敞蓬馬車裏，帶著孩子們向未知的前途出發。

他們在錫馬倫河岸定居下來，就是現在的奧克拉荷馬州東北。祖父首先蓋了一間小木屋，開墾了一片土地。不久，又借了一些錢在這個小村裡開起一家小店，那就是現在奧克拉荷馬州的杜爾沙市。

我的祖母生活得很艱苦，不但身體不好、生活極不方便，更要照顧九個小孩，她收舊報紙來貼補那間最早搭建的小木屋。那裏沒有醫生，只有一所一間教室的教會學校供小孩子唸書。艱辛的日子、債務、冰冷的冬天和酷熱的夏日，這就是他們生活的全部了。但是，查理士・勞勃特成功了，他克服了所有的障礙。哈莉在有生之年看到了她的丈夫變成一個成功的、受敬重的居民，她的兒女們也都幸福地成家了，而印地安・泰里特利也變成為聯邦政府的一州。

這些州的發展，不只是依靠像查理士・勞勃特這些男人的開闢新的遠景及拓展國境，同時也是由於他們的勇敢的妻子，就像哈莉不怕走上另一未知的天地。這些女人信仰上帝、信仰她們的丈夫，而且信仰她們自己。她們勇於面對危險、困苦、疾病和死亡。當她們朝著西部進發時，她們難道沒有懷念過她們所離別的舒適的家、她們的故友、雙親、財富、以及從不匱乏和勞苦的生活？

但這些拓荒的女士們終究是隨著自己的丈夫來到這片荒僻之區，而為我們的歷史寫下了光輝的一頁。他們留給自己的子孫一筆鉅額的遺產，一筆土地、城市和遼闊大地的遺產——一種不屈不撓的勇氣和無法動搖的信心的光榮傳統。

想使丈夫成功的妻子，必須發揚我們的拓荒前輩的刻苦精神。妻子必須甘之如飴地去幫丈夫做他喜愛的任何事情，縱然他的做法是很冒險的。她必須有深信丈夫的勇氣，而且毫不疑懼地支持他。能夠奮不顧身地去實現進取心和創造心的人，更不會為了其他的原因而退縮了。

例如，我認識一個男人，只是為了太太寧願犧牲任何代價來維持安定的生活，而終生廝守著那個不滿意的職位。

開始時他是個會計，後來賺夠了錢足以開自己的汽車修理廠了。然後他結了婚；而他的太太認為在還沒有買房子以前，他最好還是不要辭去工作。等到他們買了房子以後，孩子出生了。這位男士的妻子一再提醒他，開創自己的事業將是一件多麼冒險的事——於是日子就這樣子過去了。

他的薪水已夠家庭開銷了，且還有保險金可以供應孩子的教育。有必要辛苦創業嗎？太可笑了！一旦失敗了要怎麼辦？到時可能失去在公司裏的年資、公司的退休金，因為他的妻子否定了他嘗試的一切機會。

現在，他是個對生活厭倦的、庸庸碌碌的中年人，他把空閒的時間用來打理那部屬於自己的汽車。他有張失意的面孔，好像害上什麼疾病。他的生活乏善可陳，生命中絕大部分的時間，只是用來壓抑對於工作的積怨，對於工作他真是沒有幹勁、沒有熱情、沒有進取的野心——這都是由於他的太太不願意給他嘗試的機會。

如果他放棄了無趣的工作，從事自己喜愛的工作而失敗了，事情又會怎樣？至少他將因為已經做過了自己想要嘗試的工作而感到滿足。而如果他吸收夠了失敗的經驗，他終將成功的。

然而，值得慶幸的是，這種類型的妻子似乎並不多：雪佛酒廠最近的一項調查裏，有六千名各年齡層的家庭主婦接受了訪問。其中有一個問題是：如果你丈夫想要從一個他不太喜歡的安定工作，轉到另外一個沒保障且待遇較差，但都能夠使他高興的工作時，你是不是會贊成？結果，受訪者中只有百分之廿五說不願意讓自己的丈夫改行！

我曾經替查理士・雷諾斯做過事。他是奧克拉荷馬州桂爾沙市一家大石油公司的財務助理。他是個活潑、能幹、討人喜歡的年輕人，看來他在公司裏一定可以一帆風順地往上爬。他有個太太，三個小孩以及璀璨的遠景。

工作之餘，查理士・雷諾斯喜愛繪畫。他有許多風景油畫懸掛在辦公室的牆上。有時他也把畫賣給公司以外的人。

雷諾斯先生雖然喜歡自己的工作，但他更渴望有更多的時間來作畫，而且，他一向很喜愛有藝術家的樂園之稱的新墨西哥州的達爾斯，因此他開始萌生去意，想放棄原職永久移居到那邊。當他和他的太太露絲談到這件事時，她說：「太好了！我們可以賣掉這裏的每一件東西，到達城去開一家美術材料行，我們也可以賣畫框。我將照顧店面，你就可以專心畫畫了。我相信我們一定可以成功的！」

由於太太熱心的支持，查理士・雷諾斯就更堅定辭掉工作的決心。於是他們全家都為開創新事業而振奮。即使是年輕的小查理士，在放學以後，如果他的父親正在作畫，他也會幫忙店務。他畫得非常好，終於成為西南部最有名的畫家。

他的作品曾經在美國各地展覽過，也曾在許多畫廊辦過個展。現在，他是達爾斯城畫家協會的會長；在新墨西哥州達爾斯城聞名的吉特・卡森街上，他還有自己的畫廊和畫室。這都是由於他和他的妻子勇於嘗試的結果。

這種冒險的成功，並不值得大驚小怪——勝算的可能性是很高的。如同范特格利將軍經常在作戰前對他的軍隊所說的：「**上帝偏愛那些大膽而堅強的人！**」

最適合於某個人的工作，或能使他滿足，但並不一定就會使他富有或是過著好日子。然而除非一個人的工作能夠帶給他內心的滿足，否則就不能算是真正的成功了。當妻子的要作丈夫情神上的強人，才能夠支持他自由地去發揮他的才能，而放棄他薪水較好但並不滿意的工作。

許多輝煌的成就，可能都是由於不自私的妻子願意下賭注——而且願意捨棄物質享受，因此她們的丈夫才能夠從事適合於他們才華的工作。

救世軍不只是它偉大的創始者威廉·布斯迪佛，同時也是一開始就全力獻身協助威廉的妻子凱瑟琳的活生生的紀念碑。

威廉把傳道當做自己的天職，他在倫敦的貧民窟對窮人、殘障者和流浪漢講道。他的妻子和孩子們都忍受著飢寒和嘲笑。他致力於幫助窮人，以至於損害了自己的健康。他的妻子也是從小就很衰弱，她患有脊柱彎曲症，必須縛著石膏才行。

她還受著肺癆的威脅。到了她生命的晚年，更是受到癌症的折磨。在她臨終前，她說：「我未曾一天不嘗到生活不痛苦的。」

然而這位瘦弱多病的婦人，不只是做飯、洗衣和照顧他們的八個子女，而且還幫助她的丈夫為那些比他們自己還更窮困的人奉獻心力。她也傳教講道。在白天的勞累之後，晚上她還要到貧民窟去幫助那些飢餓、生病或是遭遇困難的人。她為那些懷有私生子的未婚媽媽準備飯菜，以及找尋安身之所。她和那些小偷、流浪漢與妓女親切談話。

你一定想（**難道你不這樣想嗎？**）凱瑟琳只要有了機會，一定想要擺脫這個愁慘的地方。這種機會不是沒有過的，有一次長老會議，大家很為威廉的真誠所感動，就決定在一個比較富裕的地區留給他一個舒服的講道工作——這樣他就可以放下他在貧民窟的工作了。

但他們錯估了威廉的妻子。凱瑟琳當時馬上站起來叫道：「不要！不要！」就因她有了不畏艱難的堅定的決心，才有現在救世軍到處工作者。我真希望凱瑟琳能夠活得更久一些，以親見她對於丈夫的貢獻所得到的成果。

我真想讓她知道，在威廉的葬禮之中，當他的靈柩經過的時候，倫敦街頭擠滿了六萬五千多人在為他哀悼，倫敦的市長也在他葬禮的行列中送行，歐洲的宮廷和美國總統也都送來花圈，在他的靈柩後面，有五千名年輕的救世軍一面跟隨著，一面唱著讚美詩歌來頌揚他們偉大的領袖。我卻又以為這位奮不顧身的瘦弱女子也許早已預見了這般的場面……

是的，成功的真義是找出你所熱愛的工作而努力去做，同時在奮鬥的的途中必須奮不顧身，這才是獲得我們真正想要的東西的唯一途徑。

「上帝啊，請賜給我一個有足夠的膽識，去做別人心目中是個幹傻事的青年。」羅伯特・路易斯・史蒂文生如是說。

莎士比亞則說：「**疑慮是我們心中的叛逆，由於害怕去追求，往往使我們失去我們通常能夠掌握的東西。**」

上帝的確是偏愛大膽和堅毅的心靈，如果我們希望丈夫在他們覺得最有成就的工作上成功，我們就該鼓勵他們去嘗試每一個機會——而且要毫不猶疑地挺身分擔隨之而來的危機。

《摘要》

幫助丈夫成功，你應該防止這些陷阱——

規則一：切勿嘮叨及挑剔。

規則二：切勿干涉他的公務，也不要在他的同事之間挑撥。

規則三：切勿逼他去超過能力限度，也別要求他工作過量。

規則四：切勿懼怕孤注一擲的冒險。

「第六部
如何使他成為一個驕傲的男人」

第22章 「她是個多麼溫柔可愛的女子！」

名作家E·J·哈地曾經寫過，在紐西蘭某處墓地有一塊陳舊的墓碑，上面刻著一個女孩的名字：「她是個多麼溫柔可愛的女子！」

不知道那些字給了你什麼感受，我覺得再也有比這更適宜的碑文了。這位哀傷的丈夫，選擇這句話刻在妻子的墓碑上，想必他必擁有數不盡的回憶：當他回家的時候，有妻子微笑的面孔在迎接他，熱騰騰的菜在桌上等他，他說一句有趣的話她會附和著笑，整個家庭永遠沐浴在愛與溫馨中。

做個「溫柔可愛」的女人，以及有個成功的丈夫，這兩件事似乎是分不開的。專家說，男人的太太如果能夠使他幸福快樂，在事業上就有更大的成功率。

非常令人驚訝的，許多深愛著自己丈夫的女人，都不知該如何使她們的丈夫獲得快樂而幸福。她們心中雖然愛意洋溢，但是她們卻做著這些錯事：該讓丈夫出門時，卻仍然像水蛭那樣緊纏不放；該靜靜聆聽丈夫說話時，卻仍然喋喋不休；而管起家來，又活像是個軍訓教官……

雖然要討男人的歡心並不非常困難，但至少必須像舉辦一個舞會那樣要很機靈、有腦筋、肯努力安排，而不必像一般的女人那樣花費那麼多時間去裝扮自己。

當然，也不是說不應該使外表顯得更迷人；而是我們往往太在意自己外表的裝扮，反而忘了內心關懷的表露。學習過博取丈夫歡心之藝術的女人，就可不愁失去迷人的青春之後，掌握不住丈夫的心了。

每個第一流的女秘書都知道如何使老闆歡喜。她研究老闆的性格，知道他的好惡，也知道在怎樣的環境下，他才能把工作做得最好。她會改變一些個人的嗜好，以使老闆更覺得舒服，例如她會犧牲自己的一點愛好，而改用無色透明的指甲油——如果這是她的老闆最喜歡的顏色。

做人家妻子的，也可以從秘書工作心得中學到一些智慧。當然，我們為自己的丈夫的盡力總該不遜於女秘書對我們的丈夫所作的努力。

最引人稱羨的美滿婚姻，都是建立在妻子能夠體會到，要學習與實行使丈夫快樂的方法。

當我訪問總統夫人愛莉娜・羅斯福總統夫人時，她告訴我她的丈夫去演講旅行時總喜歡讓她安排兒女中的一個隨行，這種安排使總統十分高興，而且也幫助他在繁忙的行程壓力下放鬆自己。

羅斯福夫人說，孩子們通常輪流和父母親出外旅行，每隔兩個星期就換一個：「這樣的旅行有許多家庭樂趣，我們經常有說有笑，這使得我丈夫沉重的工作負擔變得輕鬆多了。」

另外一位總統的妻子艾森豪夫人說過：「記住許多能創造別人幸福的小事，是一個女人很重要的工作。」

也許這些所謂的小事並不是真的是小事。哲斯特斐不是說過：「良好的習慣，能從忍受小犧牲得來。」美滿婚姻的秘訣也在此。能犧牲一些自己愛好的妻子，通常所得的報償，和那些小犧牲比起來是很值得的。

卡布爾夫人住在紐約西八十一街一二九號，她也信仰上面這句話。她是已故約瑟萊・卡布爾先生的遺孀，她的先生是駐古巴的外交官和國際著名的西洋棋冠軍棋手。卡布爾先生是個聰明、靈巧且到處受歡迎的人。就像許多才能出眾的男人一樣，他對自己的想法非常固執。

但他們的婚姻卻相當美滿成功，因為愛情、浪漫的氣氛和相互的尊重……卡布爾夫人給她的丈夫這麼多的幸福，以致她的丈夫有時也心甘情願地放棄些自己原本執著的成見，來博取她的歡心！

她是如何獲得奇蹟的呢？只不過是甘於「小犧牲」而已。當卡布爾先生情緒低落而不說一句話的時候，她就讓他獨自思考，而不會喋喋不休地激怒他。她本來喜歡舞會；但她的丈夫卻喜歡閉門不出，於是她便毅然放棄許多迷人的社交聚會。如果她的丈夫不喜歡她穿在身上的衣服，她便馬上去換一件他所喜愛的。

她丈夫是個喜愛哲學和歷史的讀書人，而她本來只喜歡一些輕鬆的書。然而她還是認真地唸了丈夫所喜愛的書，就像她所告訴我的，這是為了「趕上他的思想，並且成為他投機的談話對象。」

她的丈夫有沒有因而感激她？你聽聽以下的發展就曉得。卡布爾先生本來認為贈送禮物是一件非常可笑且毫無意義的事。但有一個情人節，他卻像個小學生那樣紅著臉，送給他太太一大盒漂亮的巧克力，這是他對心愛的妻子刻意表示的關心。

她高興得不得了，她那只講理智的丈夫竟會為她做出這樣浪漫的事。由於她高興的表現，她丈夫也覺得十分得意。從此以後，送禮給太太，就變成了這位理智先生最大的樂趣之一了。有一次他花錢請一名職員加班兩個小時，用一堆大小不同的盒子把一小瓶香水包裝起來，只為了得到看他太太在打開這些盒子時臉上表情的樂趣。

帶給自己丈夫幸福的妻子，同樣也會從丈夫那兒獲得幸福，就像卡布爾太太那樣。偉大狄斯雷夫人也不例外，她常心慶感激地告訴朋友：「由於丈夫的體貼，我的人生一直是很幸福的。」

想要使男人快樂幸福，只需使他感到舒適，以及讓他做他必須去做的事。換句話說，也許也需要依照丈夫的個性來改變自己的個性。但是不管需要怎麼做，請別忘了，使他快樂幸福，就等於在他事業上的成功做了最大的貢獻了。

然而，最甜美的是，在四十或五十年以後，他還是會說——

「她是個多麼溫柔可愛的女子！」

第23章 共享他的嗜好

共享某一件事物——不管是一杯茶水或是一個奇想——可以使人倍覺親密。分享我們心愛的人特殊嗜好的娛樂，是一種幸福。至少這是專家所強調的！伍德豪斯曾經對兩百五十對婚姻幸福的夫妻做過研究，他發覺這些婚姻之所以成功，夫唱婦隨是個最重要的關鍵。

「夫唱婦隨」的要素有那些？共同的朋友、共同的嗜好、和共同的理想……這些東西能夠把人們緊緊連繫在一起。且讓我們來看看實際的例子吧！

一對著名的夫婦亞瑟・摩里和他的妻子卡絲琳，他們很可能是有史以來教過最多學生跳舞的老師，他們結婚二十八年來一直在一起工作。

我問卡絲琳：「像你們總是每天一起工作，是如何避免陷入反覆的單調的生活方式呢？你們是否覺得把工作與婚姻生活分開，是一件困難的事情嗎？」

「一點也不！」摩里夫人說：「只要我稍微休息一下就行了。我總是儘量打扮得能夠吸引人，只為了——我寧願讓十個男孩子看到我沒化妝的樣子，也不願讓我的丈夫看到一次。但更重要的是，我們共同享受相同的嗜好。我們都喜歡游泳和打網球；只要我們能夠，我們就利用假期一起去享受這些活動。像上個禮拜我們就到百慕達去旅行了一趟。由此共享樂趣，使我們能緊密地相契，而且增加了生活上的變化和趣味。」

只是工作而沒有樂趣的確會使婚姻生活變得枯燥無味。妻子如果學會了分享丈夫的嗜好，就可以促成她想要的「夫唱婦隨」的願望。

哈里·C·史坦梅斯在臨床心理雜誌中寫道：「**在成功的婚姻生活裡能迎合對方的嗜好，比之興趣與氣質相同更為重要。**」

克麗奧派屈拉，這位古埃及的尼羅河艷后從沒有學過應用心理學，但是精通不少應付別人的方法——特別是對付男人。帕爾塔克告訴我說克麗奧派屈拉不算是頂出眾的美人，但是她和別人共享快樂和特殊嗜好的能力，使得她所向披靡。

她通曉她所有附庸國的方言（**她的祖先從沒有人學會過這些話**），當這些附庸國的使節前來朝貢，克麗奧派屈拉不需要翻譯人員，她能用他們的方言和他們說話，於是便贏得了他們的好感。

據說遠征埃及的羅馬帝國將軍安東尼喜愛釣魚，於是喜愛奢侈豪華的克麗奧派屈拉就放棄自己其他的享受，而不時陪同安東尼一起去釣魚。

有一次，安東尼釣了半天也沒釣到一條魚，她就叫個奴隸潛到水底，把一條大魚掛在他的魚鉤上。有時候克麗奧派屈拉為了博得安東尼的歡心，就化裝成平民，於是這一對貴族就跑到亞歷山卓城的貧民區和下級賭場去狂歡一番。

總之，凡安東尼所喜做的每一件事情，她都樂於去做。

然而，我們之中究竟有多少人甘心穿上馬丁鞋和粗布衣，不怕嚴寒與濕穢，陪伴著自己的丈夫去釣魚？

我認識一些孤單而不快樂的太太，她們總是抱怨自己的丈夫把大好的週末都浪費在高爾夫球場上。其實，她們早就該學學我的朋友弗洛南茜・賽門克的做法。

已故的里昂・賽門克是個著名的工程師，他建造了許多城的大馬路和大橋，他是個傑出的業餘運動員——幾屆奧林匹克劍道代表團的團員，以及高爾夫球賽冠軍。

他的妻子弗洛南茜在剛結婚時，連這些運動最簡單的術語都還搞不清楚呢。但她後來不只學會了打高爾夫球，而且還三獲全國女子劍道比賽的冠軍；又數次獲選為奧林匹克代表。倘若她不願不厭其煩地下功夫學習，和她的丈夫共享興趣與嗜好，恐怕她的丈夫就必須捨棄生命中部分有價值的生活，或是在丈夫追求喜好的運動時，她只好獨自排遣寂寞乏味的人生。

艾德加・華司是個著名的神秘小說與冒險小說家，他對工作非常投入，而賽馬是他最喜愛的娛樂。華司太太對這種貴族式的運動雖沒有多大的興趣，但她知道她的先生在繁重的工作後急需喘一口氣，所以她都陪伴丈夫去看競技，並且和他一起欣賞那些名駒，儘量使她的丈夫在這項消遣上得到最大的樂趣。

妻子如果學會了在丈夫的休閒娛樂之中共享樂趣，就不怕被丈夫放到一邊了。

你的丈夫留下你而單獨去玩樂嗎？如果是這樣，若非他是一個無可救藥的自私自利者，就是你不會盡到把他的家變成個快樂休憩所的責任。

住在紐約塞拉古斯城羅朗街五〇八號的法蘭西斯‧休特太太，在新婚期間過得很不愉快，因為她的丈夫保持著單身時代在休閒時都和朋友出外閒遊的習慣。休特太太雖然很希望她的先生能夠時常留在家裏。但她並未因此而對他嘮叨、哭鬧，或是跑回娘家去控訴一番；相反的，她開始研究丈夫的嗜好，並且迎合他的興趣。

休特先生喜愛下西洋象棋，而且具有專家的水準，所以她要求丈夫教她下棋，使自己變成一位相當高明的對手。休特先生喜愛與人交往和參加舞會，所以她致力於使自己與他們的家變得非常吸引人和舒適，於是她先生就很自豪的把朋友帶回來，不再整天跑到外面去了。

這種做法自然非常有效。休特夫婦結褵已四十年了。自從那時以後，休特先生就不離開家裏到外頭去玩了。事實上，休特太太還說，現在就是她想要拉他先生出去，也很困難呢！她告訴我——

「我認為妻子能夠為丈夫做的最重要的事情，就是使他快樂。我生平最大的願望，就是盡力使自己能與人和樂相處，而成為快樂的主婦。」

休特太太實在精通做好伴侶的方法。你難道不願分享丈夫的嗜好嗎？

第24章 讓他享有完全屬於他的個人癖好

和丈夫分享他的興趣，是使他快樂的一個方法。但讓他有一些完全屬於他自己的特殊嗜好，也是很要緊的。

安特萊・摩里斯在《婚姻的藝術》一書中說：「**除非夫婦之間能夠相互尊重對方的嗜好，否則休想有美滿的婚姻**。進一步來說，如果以為兩個人之間會有相同的思想、相同的意見和相同的願望——這是極可笑的想法。這種事情是不可能的，也是不應期盼的。」

所以，你應該讓丈夫有個私人的天地去做他的工作，譬如集郵，或是其他任何他喜愛的事情。在你看起來，他的嗜好也許是毫無意義的，但是你千萬不可因此而輕蔑它，或是因為你無法領受它的迷人之處就厭惡它。你應該讓他隨興去做。

寫威爾・羅傑斯傳的荷馬・克羅伊，當他在寫威爾的電影劇本時，經常長居加州杉塔・蒙尼卡羅傑斯的農場。克羅伊先生告訴我，當他住在農場的時候，有一次威爾・羅傑斯突然想要一把刀——一種外貌醜陋，殺傷力很強的南非大刀。

羅傑斯太太不了解為什麼她的丈夫想要這件東西，她的直覺反應是想要勸他不要去買。如果他有了這麼一把大刀，可能不過拿來看了一兩眼，就把它擱到一邊而忘了吧。但再想了一會兒以後，她終究決定遷就她的丈夫。她甚至還大老遠地趕到城裏，親自為他買回這把大刀，這竟使得威爾如同要過聖誕節的小孩子般興奮。

在這片牧場裏，有一帶長滿了多刺的矮樹叢。他經常帶著這把刀在這個矮樹叢砍上幾個小時，清理出可供馬匹和行人通過的小路。一旦他有了難以解決的問題，他就會提著他的刀，獨自走出去像瘋子那樣在那兒大砍一番，徹徹底底地自我排遣。等他全身流著大汗回來時，他的困難也大多解決了。

他時常說，那把刀是他所收到的最好的禮物。羅傑斯太太對於這件原本認為沒有意義而終於遷就他，為他而做的事，也感到相當滿意。威爾那把大刀能發洩緊張的情緒——那就是一種嗜好所帶給男人的好處了。

養成一些原有的工作以外的嗜好，不只使男人自己能夠得到好處而已，做妻子也會得到這個快樂男人給予的愛情。

我的表姊詹姆斯・哈利斯夫人，住在奧克拉荷馬杜爾沙市東艾德蒙區三八二二號。她的丈夫是一家大石油公司的地區審計員。詹姆斯・哈利斯只要一有空，便裝飾室內和修理家具。當然，他的妻子非常欣賞他出色的手藝，由於這種有益的癖好，家庭生活自然是很愉快。

他還有另外一種癖好，帶給每個人許多樂趣：他教他們家那頭黑色的蘇格蘭種小獵狗馬克做把戲。當然馬克是業餘演員，但是牠卻很喜愛觀眾。牠最拿手的絕招是彈鋼琴，開始時是用前腳彈，有時還四條腿一起來！

但心理學專家卻警告我們：一個男人一旦開始對他的嗜好比對本來的職業來得熱心時，你就應該格外留意了！這意味著有些事情不對勁了，他正在藉著他的嗜好來逃避他正式的工作，想必存在著某些使他不再對工作感到興趣的問題，在這種情況下，應幫助他分析狀況，設法補救。嗜好的真正價值在於調整急促的生活步調，抒解緊張的情緒。我們應該利用嗜好來作為工作的潤滑劑，而不是拿來代替工作。

這種意義下的嗜好，具有很大的改造功用。克拉克夫婦就是一個相當戲劇化的例子。他們在第二世界大戰期間，曾被關在日本俘虜營裏。

克拉克先生是上海股票交易所的職員，他和他的妻子露絲於一九四一年被日軍拘留於華，和其他一千八百七十四名英籍和美籍俘虜，共同過了三十個月困苦飢餓和難捱的俘虜生活。

在基督科學箴言報的訪問裏，克拉克先生說：「那段經驗告訴我們，一個人雖然能夠被剝奪掉家庭，財產，職業，但只要他還有敵人所不能破壞的興趣，他的精神就不會被破壞了。當然，所謂的興趣是指具有創造性的；一個人對於音樂和文學的愛好，是任誰也無法破壞的。」

克拉克夫人是中國玉石和紡織方面的權威。她向俘虜營的朋友講授這些知識，使他們在她的描述下，聽得忘記了己身所處的悲慘環境。

克拉克先生對聖樂相當有興趣。戰爭以前，他曾組織了上海聖樂合唱團。在俘虜營裏，他也毫不浪費時間地推廣聖樂。克拉克夫人在她被嚴格限制帶進俘虜營的一些東西裏巧妙地夾入了樂譜，所以俘虜營裏的合唱團在克拉克先生的指揮之下，就不虞缺乏教材，從聖誕頌歌到吉伯特與沙利文的歌劇，每一種他們都能唱。

有了這些實際經驗，克拉克先生就可以很權威地講出嗜好的價值了。他說：「我奉勸每一個人，無論男女，都要培養一種不管是被強制的或自發的嗜好，在沒事做的退休狀態下，嗜好可以帶來許多幸福。」為什麼不鼓勵你的丈夫聽從克拉克先生的勸告，培養一種有益的興趣呢？

使丈夫有了特殊的嗜好以後，你還必須給他另一個珍貴的好處：要讓他能夠獨自去做他喜愛的事，使他覺得有了真正屬於自己的東西。這種情形不正是所有的人都很希望獲得的好處嗎？而你的丈夫同樣也是一個人。

有個適婚的男人說，如果有個女人願意陪伴他，而在他希望一個人獨處時，也能夠成全他讓他獨自去做自己喜歡的事。那麼，他就會馬上和這個女人結婚。

家庭主婦都有許多一人獨處的時候，所以她們通常無法理解這種奇怪的男性願望。一個被「撇下不管」的男人，並不是意味著真正的孤寂，而是說他們藉此來表示從女士的需求和束縛中獲得了解脫——一個自由自在主宰自我的機會——至少也享受到了自由獨立的好處。

彼此擁有各自的空間，才不會讓任何一方有窒息的感覺。

比如，有些丈夫一整晚離家出去打保齡球，或是和一群男孩子玩紙牌，有些則是去釣魚，還有把自己關在車房裏清理或檢修車子的，或是讀一本偵探小說……

不管丈夫把這些快樂的個人時間做了什麼樣的安排，他們都可因之獲得自由獨立的錯覺，能夠盡心促成這些事的妻子，就是天下最明智的女人了。

我從經驗裏了解了這件事。二十年來，我丈夫每個週日下午都要和他那位作家老友荷馬·克羅伊共度。戴爾認為，不能因為他已經結婚，就須放棄這個樂趣，因為整個禮拜的其他時間我們都已經在一起了。

後來我終於學會了安排我自己的星期天下午。丈夫和荷馬在那些下午或是在森林裏散步，或是到某處閒蕩，或是到平常難得去的餐館吃一些特別的東西，或是輕輕鬆鬆地閒聊一番……完全是在享受一種自在的，輕鬆的樂趣。然後，他們再各自回到自己的妻子的身邊和工作裏頭。而這些個人的「專制」，令他們感到新鮮、愉快，且獲得面對新的一週的活力。

別忘了，丈夫時常想要從捆在他身上的繩子裏掙脫出來。如果你能夠盡力去養成他某些有趣的嗜好，並且給他們享受那種嗜好的自由，那麼我們就是在創造先生的幸福了。

一個不受太太輕蔑與嘮叨的男人，才是一個真正的幸福的男人，這樣他工作一定做得更起勁，而且更有成功的希望。

第25章 培養家務以外的嗜好

做一個好伴侶的第三個方法是：妻子要有一些家務以外的自己的嗜好。

一個男人只要利用一些時間在他的興趣嗜好上，就能夠生龍活虎地重返自己的工作崗位上；女人也可藉著參加一些家庭以外的活動，來獲得愉快的心境而再輕鬆地去從事自己的家事。

讓你疲倦的，往往不是繁重的工作，而是厭煩和單調。許多人費了與為生活而奔忙的同樣的精力去作遊戲，這就是由於活動內容的改變，而使人感到新鮮有趣。

由於家庭主婦有許多獨處的時間，如果能夠利用家務之餘從事和別人聯繫交往的工作，是非常有益的。例如去參加消費者講習會或是音樂欣賞會，或是到某些慈善機構幫忙做點事，類似這樣的計劃，可以給女士們一些新觀念，及發展其個性。

住在德克薩斯州安東尼奧城泰拉阿爾塔路二三九號的華爾特夫人，在她小孩開始上學之後，她就到教堂的主日學校去教課。由此她發現自己很有教導小孩的天分，所以她開始去教導學校的幼稚園班。

她說：「這件工作帶給我許多驚喜，我以前對於家事的要求過呆板，凡事無不嚴厲苛責。現在我的眼光較遠大了。早上我提早一個小時起來料理家務，然後才送孩子們上學，接著我也到自己的學校去。

「我是孩子們的保母。星期三晚上，我和丈夫及一些朋友打球。星期四晚上參加我們教會的討論會，這給了我許多精神上的好處。其餘三天是教課，一週的活動就這樣排滿了。這些家務之外的工作給了我意外的收穫，那就是使我們晚餐的時候增加了不少樂趣。

「晚餐時間是一整天裡，全家人唯一團聚的機會，能夠有些話題在這時候拿出來講，使我更加愉快。我曾經讀過描述一個精神病患的文章，據說在他小時候，他的雙親常把餐桌當作戰場來爭論有關金錢、生活以及其他的事情，由於此一不快記憶，使他吃東西時常會嘔吐出來。

「我們家裏有個規矩，吃飯時只許談那些愉快的話題。晚餐就是一個聯誼時間，使我們共享天倫之樂。我這個具有創造性的閒暇，在這個時候提供了我許多有趣的話題。這些工作也使我對事情能作更客觀的價值判斷。我可以無視於終日困擾我的瑣事，而把精神放在值得去作的事情上，譬如把我們的家變成一個休憩的安樂園，而且使每個人都感到舒服愉快。」

適當選擇的工作計劃，能夠帶給華爾特夫人這麼多的好處，相信同樣可以帶給你這些好處。

至於哪一種工作能帶給你好處，這就要由你來判斷做決定了。首先想想有什麼是你一向想要享有或是想要做的事。這不需要花你的錢。看看你的周遭，你將驚訝地發現許多很有價值的活動，即使在小村裡也都會有。萬一你真找不到你所想要的，不妨辛苦一些，把志同道合的人組織起來。

就我自己來說，我固定參加的紐約莎士比亞俱樂部的活動，就帶給我許多好處。這個研究性的團體，總是討論一些我很喜愛的題目。對於四百年前世界的探索，使我對二十世紀的問題有了一種新鮮的觀感，而且使我除了與丈夫談談牛排的價格以外，多了一些新鮮的談話資料。

我丈夫對於亞伯拉罕・林肯的人生特別有興趣，而我則對莎士比亞格外有興趣。我們相互學習，對於對方的偶像就有更多的了解。我們常常討論問題，有時候也難免論辯，但都是很愉快的，這比兩人喜愛完全相同的東西有趣得多了，由於各有所好，我們便互相拓展對方的眼界，帶給雙方加倍的好處。

賽默爾和艾莎・克林在合寫的《婚姻生活指導》一書裏說道：「婚後的夫婦，由於過分親密，他們在一起做每件事情，久而久之，往往互相的關係會變得毫無生趣，若有不同的興趣和嗜好，則可以造成經常的變化，而有助於他們保持婚姻生活的新鮮和趣味。」

這段話等於把我的看法摘要了出來，如果你感到你的婚姻已經單調地需要加以調整，你就要找出一些你在家務以外的興趣，並且反省自己是否做好？成為丈夫最佳伴侶的心理準備了。

《摘要》

如何促使你的丈夫幸福——

一、做溫柔可愛的女人。

二、分享他的一些嗜好。

三、鼓勵他培養自己的嗜好，並給他單獨享受的時間。

四、培養你自己家務之外的興趣與活動。

第七部
創造一個甜蜜的家庭

第26章 「只是一個家庭主婦」時……

某著名的社會學家說，女人已經不再覺得處理家務是多麼有意義的事了，她們覺得即使把女性的才能發揮到極致，但對社會而言也沒有什麼價值，所以，當一個女人向別人說她「只是一個家庭主婦」時……總會帶點為難和遺憾。

難道你不曾幾百次聽過女人用這種可怕的口吻來自貶一番嗎？這種情形有沒有使你如我一般憤怒和痛心，創造和維持一個家庭的幸福、為這個家庭撫育小孩子……世上難道還有比這樣更加值得尊敬、對個人和整個社會更加重要及更具意義的工作？

「只是一個家庭主婦……」老天！這就好像在一個國際會議席上聽到一

個男人說：「不必為我操心，各位先生——我只不過是美國總統而已。」令人為其重要性而肅然起敬。

一個女人把全部的時間和精力都奉獻給她的家庭和家人，她是值得自豪的。她所扮演的角色，比起一個女演員在一個表演季裏所需的各種技藝還要多。你有沒有用心想過「只是一個家庭主婦」需要具備多少才藝？我試著開些名單給你看看，她必須是：洗衣婦、廚師、裁縫師、護士長、下女、打雜專家、臨時司機、書記兼會計、採購行家、公共關係專家、女主人、人事主管、顧問、傾訴及發洩對象、總經理、秘書……

當然，這是不夠的，如果想要永保丈夫的愛情，這位才女還要保持自己的吸引力，發揮女性的魅力。

即使再小的機關，也沒有聽說老闆自己打掃辦公室、記賬和親自打字回信的。但家庭主婦都要兼顧這些事，甚至還要更多。所以，如果我們偶爾在某些工作上出了一點小錯，原是沒有什麼稀奇的，不必大驚小怪。

我多希望有人設立一種年度獎，頒給該年度最優秀的家庭主婦，依我看來，她發揮了比所有的電影明星、職業婦女以及社交名媛等更大的能力和才智。

家庭主婦努力的工作，究竟對丈夫的成功有多少幫助呢？我將讓馬尼亞・范韓與佛狄南・朗特柏格博士來回答這個問題，他們是名著《女人！被忽視的性別》的作者。

他們說：「研究結果很明白地指出，由於妻子的治家本領不同，使得丈夫收入的百分之三十至六十，或者白白浪費，或者生出極大的效果。」

《生活雜誌》在一期〈女人進退兩難的處境〉特刊中估計過，如果男人要請外人到家裏來做「只是一個家庭主婦」的例行工作，每年他至少要多花一萬美元！許多國內名人，也都是因為賢妻的幫助才獲得成功的，這些妻子對於「只是一個家庭主婦」的身分，都認為非常崇高和有意義。艾森豪總統夫人就是個例子。

《今日女性》雜誌刊登了艾森豪總統夫人一篇名為〈如果我現在又當了新娘〉的文章裡說出了她最崇高的信念——妻子——女人最偉大的天職。」

「洗小孩子的尿布和全家人的髒衣服，是很乏味的事。每天有做不完的雜事，瑣瑣碎碎，像是一輩子也做不完似的，有時真是極感無趣味又無意義。特別是在丈夫帶著不愉快的心情向你問道：『今天家裡有什麼事？』時，你所能說的只是：『噢，瓦斯費已經付了……』

「就在這些時刻，你一定很想到外面去找個工作，同時賺些額外的收入。一旦你戰勝那個誘惑，你的生命將可以獲得更多的回饋。如果你向誘惑屈服了，那麼你的將來必然除了一份職業以外便一無所有。到時，你將面對一個遭遺棄的家庭而追悔莫及。

「如果我現在才結婚，我還是願意同以前那樣去做個家庭主婦。我將會盡力扮演好我的角色，我會善用丈夫有限的薪水來料理家務，每天早上都看著他吃完溫熱的早餐，再送他出門。我要盡我最大的能力協助他達成任何野心。家庭主婦是我所熱愛的天職，我會想辦法盡我的能力使這個家永遠和諧平安，我覺得這是我最奇妙、最有價值，雖然繁忙但有樂趣和快樂的工作。」

做為「只是一個家庭主婦」，艾森豪總統夫人做得可真稱職，她已經推動她的丈夫進入了這世界上最大的房子——白宮裡去了。

第27章
「真高興我回到家了。」

你的丈夫在忙碌了一天以後回到家裏，你獻給他的是一種怎樣的氣氛呢？怎麼樣的家庭才能使他在每個早晨都朝氣蓬勃地去迎接他的工作呢？你的答案與你丈夫事業成功關係之密切，遠在你的想像之上。

克里佛・R・亞當斯博士在《婦女與家庭》雜誌上的專欄寫道：

「家庭對你的丈夫和小孩具有什麼意義，完全在於你。丈夫和小孩當然也有責任，但關鍵還是在——你所創造出來的環境、你所培養出來的氣氛，尤其是你所呈現出來的榜樣。」

為了使男人有最好的工作表現，他的家庭必須供給他一些基本要素——

1・輕鬆

不論你麼熱愛工作，在你工作的時候，總不免造成某種程度的緊張。如果在他回家之後能夠消除這些緊張，那麼第二天他就能夠精神百倍地回到他的崗位上。

每個女人都想做好主婦，但有時由於「過分的好」，反而使得丈夫無法在家裡得到休憩與放鬆。當我小的時候，就有這麼一個鄰居。她不許孩子把朋友帶回家，因為小孩子們可能會弄髒她一塵不染的地板。她的丈夫不可以在家裏抽煙，因為怕使窗帘沾了煙味。看書或看報紙，必須準確地放回原處。算不算神經病？也許是。

但是這種情況比我們所想像的要更加的多。在全國基督教家庭生活第二十屆年會裏，美國基督教大學精神科教授羅勃特・P・奧丁華特博士，在講演中把母親們對於一塵不染的潔淨的願望，描述成「是我們美國文化裏最大的壓迫」。

喬治・凱利所寫的《克萊克的妻子》是幾年前獲得普立茲獎的戲劇。它之所以廣受歡迎，主要是由於現實裡有許多像哈麗葉・克萊克的女人。

哈麗葉把生活的重心放在保持她家裏絕對乾淨上。她甚至連放錯了座墊也無法忍受。朋友們的來訪並不受歡迎，因為他們會把東西弄亂。她認為她那不拘小節的丈夫是個搗亂分子，因為她的丈夫會破壞了辛苦創造與維護出來的完美。

當丈夫把星期天的報紙、煙屁股、眼鏡盒和其他種種東西，在苦心收拾乾淨的客廳裏隨便拋置的時候，做妻子的人常常都有一種去和他大吵的衝動，但是，在大罵他是個自私的莽漢之前，請先想一想，所謂家庭，原就是讓他能暢暢快快地放鬆自我的唯一處所啊！

2・舒適

由於裝飾和佈置家庭大多是妻子做的，因此她必須記得，舒適是男人最大的需要。精巧的桌椅、過於精緻的毛織物、散置的小裝飾品，也許在女人的眼裏是浪漫的，但是這些東西卻讓一個疲倦的男人感到憎惡，因為他需要的是一個擱腳的地方，或者是放煙灰缸、報紙的地方。

你想知道男人喜歡怎樣的佈置方式嗎？不妨研究研究單身漢房間的情

形。

我們的特約醫師路易斯・C・派克，在紐約的帕克薩斯地區一一六之四十號工作和居住。最近他又重新裝修他的辦公室，那是他的家的一部分。那天我在那兒，一些在候診室的男病人，都很羨慕他那覆蓋著皮革的實心的桌子、寬敞的沙發、巨大的銅燈、以及筆直地下垂著沒有一點縐摺的窗帘。

另一位擅於佈置自己房子的單身漢是華格爾・林克。他是紐澤西州標準石油公司的地質學主任。由於工作關係，他必須跑遍全球最偏遠的角落，他有一家超現代的公寓在紐約沙頓地區六十號。他利用旅行帶回來的紀念品來裝飾這個房子：爪哇的手工染布、剛果的木雕、以及東方的象牙雕塑品。還有，他的床單是秘魯帶回來的騾馬皮！他的房間明亮、寬敞、舒適，而且富有個性的趣味，實在很令人喜歡。

難怪這些不凡的傢伙仍然單身，因為即使是女性，也未必能夠照顧他們——像他們自己服侍自己那般舒適。

當我們佈置的時候，往往會忽略了男人對於舒適的要求。我曾在巴黎買回一些古式的可愛的小瓷器煙灰缸。而我的丈夫呢？他到廉價商店去買回好幾個大型玻璃煙灰缸，把它們分別放在樓上樓下以方便使用。當客人來訪，我們都使用他那便宜貨。這些煙灰缸可謂物盡其用了，至於我那精緻的法國美術品可就從未用過。

如果你的丈夫對於你大費周章佈置好的家，似乎會帶來了破壞，這很可能是因為你的安排有所不當了。他把報紙滿地亂丟嗎？可能茶几太小了，或是上頭堆滿了物品，以致他根本找不到地方好放報紙。

他的煙灰到處亂彈，使得你忍無可忍嗎？給他買個最大型的煙灰缸，而且要多買幾個。他常常毫不介意地把腳擱在你心愛的精緻的腳墊上嗎？把它拿到客廳去，另外替他買個堅固的塑膠腳墊吧。

他有個特定的地方好放他的相機、煙斗、收藏品、書本和報紙嗎？或是他只能把這些東西放在閣樓的小角落，和其他廢棄物放在一起？

使一個男人在家裏感到舒適與愜意，是把他挽留在家裏的最好方法！

3．有秩序和清潔

大多的男人寧可住在一個整潔的帳幕裏，也不願住在凌亂不堪的華廈裏。開飯不定時、吃飯的時間到了，而上一餐的盤子還放在水槽裏不洗、浴室裏堆滿雜物、臥室亂七八糟……這些景象足以把男人趕到撞球場、酒吧以及妓院去。對男人來說，除了自己的凌亂以外，他們以乎沒有辦法忍受任何人的雜亂無章。

我自己的丈夫就是這樣——他告訴我，他曾經打消向一個漂亮的女孩求婚的念頭，只因為有一天他到她的公寓去找她，發覺她房間狼藉不堪，就像是剛遭敵軍洗劫過那樣。

自然，上面所說的是長期的雜亂。任何一位講理的男人，對於偶而發生的錯失，都是能夠體諒的。他會在忙碌的清掃日愉快地吃著剩菜，當我們碰到一些不尋常的問題時，他也會樂於幫忙或是為我們解決，只要這種事情不是時常發生就好。

4．愉快、安詳的氣氛

家裏氣氛如何，主要是女人的責任。你丈夫的事業成就，將會受到你所創造的家庭氣氛所影響。

富比士雜誌曾做了一項有關公司職員的生活的調查，他們引述一位總經理的話說：「我們能夠控制一個人對於工作的情緒，但是等他一回到他的家裏，這些控制就完全失效了。」

做為女人，我們不希望丈夫完全被他們的工作佔據或是控制，但同時我們也希望他們在這些工作上有最好的表現。如果能創造一個愉快、安詳的氣氛迎接他回到家來，我們就能夠同時達到這兩個要求。

保羅・伯派諾博士是洛杉磯家庭關係協會會長，他認為家庭應該是使男人從業務上的麻煩裏得到解脫的避難所。他說：

「現代商業或工業世界裏的生活，並不像在戶外野餐那樣輕鬆愉快。他必須終日和對手作戰。當下班鈴聲一響，他就渴望著安詳、和諧、舒適、愛情……

「在公司裏，大家都只看到了，或是千方百計要找出他錯誤的一面。只有在家裏，有個天使看到了他最美好的一面；這位天使不會把她自己的困擾加到她先生身上，也不會替他製造一些新的負擔，她恢復了他的精力，護著他的精神，在情感上使他愉快，使他在隔天早晨充滿了幹勁和熱心地出門。

「在家裏創造出那種氣氛的妻子，可說是在丈夫的生活裏，完全盡到妻子的責任了！」

5・家庭是丈夫的，也是妻子的

讓丈夫覺得在家裏像個國王，而不是尊貴的女王下之唯命是從的臣子。

當家裏需要換新家具，或是重新裝潢時，你應該先徵求他的意見以共同決定，不要只會把帳單交給他而已。

為了你丈夫所想要的搖椅而放棄掉你心愛的典雅沙發，也許你會感到不悅；但你應知道他對事物喜愛的程度和你是同樣深的，而且，如果他對於事情有更多的決定權，家對他的意義將會更加重大。

如果他想親自下廚作菜，不妨在星期天晚上讓他在廚房裏自由發揮，雖然他將留給你未清洗的堆積如山的鍋子和碟子。

男人對於家庭的關心，絕不在你之下，他需要一種感覺——覺得家庭若沒有他就不能圓滿了。

我認識一個很擅於以最少的錢來裝飾屋子的女孩，所以她的房子很富有她那別出心裁的獨特品味：柔和的色調，易碎的飾品，不凡的品味。可是，這個女孩子都嫁給了一個高大、多毛、煙斗不離口的男性。

而她的丈夫卻對這個「仙境」深感格格不入。他愛他的妻子，但他在自己的家裏很感到十分拘束，所以常常在假日同朋友去釣一整天的魚，或是到他可以完全放鬆自我的森林小木屋裏去過夜。這位優雅的女士抱怨著這種情形，但卻無意改變那不適合先生的家庭佈置。

切勿陷進龐雜單調的家務泥沼裏，而忘了家務的本來目的：為我們心愛的丈夫創造出一個充滿愛情的、可以放鬆自我的溫馨避難所。

請記得下列基本規則，以使你的丈夫成為快樂的男人——

一、使家庭變成可以放鬆的地方迎接他回來。

二、使家庭變得舒適。

三、使家庭變得井然有序。

四、使家庭變得安詳愉快。

五、使家庭是妻子的，同時也是丈夫的。

第28章 「我絕不浪費時間！」

你有沒有想過，美國最忙的女士是怎樣在一天二十四小時裏，完成她那許多工作的？

沒有一個人能說羅斯福總統夫人是個懶人。講演、寫作、國際親善活動……每天的活動排滿了她整張行事曆，即使比她年輕一倍的女人也會應付不來的。

當我在紐約訪問她的時候，她正好就要到另一個城市去參加民主黨的集會。我問她如何去完成這麼多事情，她的回答很是簡單明瞭：「我絕不浪費時間！」

她說她在報上所寫的許多專欄，都是利用約會和會議之間的空檔完成的。她每天工作到深夜，次晨一早就起床。

任何人都和羅斯福夫人一樣，一天同樣有二十四小時。但我們的二十四小時是怎麼過的呢？我們「沒有時間」去好好看書、參加自修課程、出席家長教師聯誼會、帶小孩子到動物園或是做許多我們喜歡做的、或應該做的快樂和有益的事情。

保羅‧伯派諾博士在他的著作《如何創造婚姻生活》中說：「家庭主婦大多自認家務多得佔去了她們所有的時間。這種看法值得商榷。任何一個女人只要把她一星期內的作息詳記下來，結果可能會使她大吃一驚。」

你也應該試試看，把一星期內你所做的事都一一記錄下來。但你要誠實，你也許會因此，很驚訝地發現，像這樣的項目太多了：「十點到十點四十五分：和梅貝兒在電話裏談天。」、「一點到兩點：和隔壁鄰人閒聊。」、「三點到四點半：吃過午餐後，和哈麗葉逛街。」

這個一週行事表，將會明白地指出，你是如何浪費了你的時間。然後你可以以補足遺漏的方式，設計好你的行事計畫。

紐約社會研究學校開了一個「職業婦女與服務生活」的講座。

這個課程的教師是一名成功的職業婦女和教育家愛麗絲小姐。其目的在幫助女士們找到她們的正確工作崗位。課程開始的時候，每個學生要做出她們一星期內的時間和工作的記錄表。

「當學員們在記錄表上看到她們浪費了多少時間用來打毫無意義的電話，或是多跑一趟雜貨店去買原可一次購全的東西時，通常她們會大吃一驚，而開始計畫一個有益的計劃表。

「當我做好自己的時間和工作記錄表以後，我很清楚地發現，我必須停止看這麼多偵探小說；並非每個人都非如此不可；但是，很明顯地，我無法在欣賞太多的神秘小說的同時完成所有我預定好的工作。」

此外，廿四小時裡，無論在等接通電話之間、在等候公共汽車之間、在乘地下火車之間、在坐在美容院吹風機下面……難道我們不能好好使用這些時間？

有些人懂得利用這些時間。已故的哈爾蘭．F．史東，是全美最高法院的首席法官，有一次他告訴一個大學畢業班同學說：「世上的許多重大事情，是利用十五分鐘的工夫來完成的，這段時間通常都會被人們浪費掉。」

約翰・基朗是個著名的地鐵乘客。看到他坐在地鐵裏，無疑地他正聚精會神地看著什麼書。

老羅斯福總統常常在他的桌上攤開了一本書，以便能夠在兩次約會之間的兩分鐘到三分鐘的空檔裏唸書。小羅斯福曾說，他的父親在臥室放著一本詩集，為了利用換衣服的時間記熟一首詩。

我們之中有誰是和美國總統同樣忙碌？但我們卻要常常嘆息：「太忙了，才沒有時間唸書。」

我寫這本書，大部分也是利用白天小孩子午睡的兩小時空檔寫下來的。許多必須參閱的資料也是在美容院的吹風機下面看完的。我還把一本書擺在化粧台上，因為我可以利用這無法節省的每晚卸妝和塗面霜的時間看一些書。

你可以很容易地計算出你自己所浪費的時間，把這些時間重新規劃——是不是一直想要學習一種外文？唸一些好書？聽聽音樂？改善你的外表？寫作、唱歌、畫畫、遊玩？請不要說你沒有時間。學習那些有作為的人，好好利用工作之間的任何空檔。

我們大多讀過那本奇妙的暢銷書《一打比較便宜》。這是法蘭克・紀伯萊家庭的故事。已故的紀伯萊是個工程師，他是動力科學研究的先驅。他和他的妻子莉莉安博士，致力於把節省時間和勞力的方法，帶進商業界和工廠，同時也應用到家務的處理上。

他們共有十二個小孩。這些孩子從小就被灌輸一種觀念，認為時間是一種天賜的禮物，必須很講效率地利用。在他們的家，時間是從不被允許浪費的。小孩子們在早上刷牙準備上學的時候，甚至可以從他們父親放在浴室的大字海報上，學會許多新字！

住在賓州費城洛卡斯特街一六〇六號的沙爾瓦多・S・卡塞狄是個很有經驗的顧問工程師。他的妻子也就是他的助手，提娜把她先生在事業上所使用的高效率，也應用到家務的處理上。

除了料理一般的家務，以及照顧他們三個小兒子以外，提娜還要身兼丈夫的秘書、會計、人事經理、研究助理等，同時還要參加地方社團與家長教師聯誼會的工作。以下摘錄她寫給我的信：「我們深信為了能欣賞到美麗的花朵，就得剷除雜草。換句話說，為了能餘下時間去做我們所喜歡做的事，就得先充分利用時間去作完必需作的基本工作。

「除了照顧三個精力充沛的孩子，以及一個龐大的房子和花園，還有社團活動，作我丈夫的秘書，再加上宗教與社會職責，我所有的時間都必須做雙倍的利用，我還要想辦法做為我丈夫的耳目，找出一些他可能漏掉的文章、提醒他必須參加的集會、為他構思一些改進方案。

「我曾經在洗碟子或是替小孩子溫牛奶的時候，想出了許多增加營業效率的方法。我們也常利用和孩子們遊戲的時間來做運動，藉使一家人都很快樂。

「我們的工作進度表是有彈性的，並非一成不變。所以有時候我們也會把預定的事暫時擱下，先專心去做一件特定的事。

「這樣在一起工作，和丈夫共享各種看法，擴展了我們的視野，使得我們的生活幸福、充實且多變化。這種生活是很可能的，因為我們的目標是一樣的，只要你有心達成。」

提娜很懂得如何生活、如何工作、以及如何把生活和工作調和進行，而獲得圓滿的結果。就像羅斯福夫人，她從不浪費一秒鐘。

也許你已經注意到，你所認識的最忙碌的人儘管他做最多的事，但總比懶人要有更多的餘裕。是誰在推動本地紅十字會主席團的工作？誰負責家長教師聯誼會？誰答應為教會義賣會推銷入場券？她們是不是沒有小孩子的打擾、雇了兩個女佣、在床上早餐、每天下午打橋牌的女人？不是的！做最多事的人，似乎都是一些除了有工作忙碌的丈夫外還有三個小孩的年輕婦女。她們都是要做好自己的工作，又要在星期天到唱詩班唱歌的人！

這些女人之所以能夠做完較多的事，是因為她們知道如何安排自己的時間和處理家務。她們都是對「時間」的運用最有心得的人。

是的！**浪費時間是比浪費金錢更加悲慘的浪費。金錢失去了還可賺回來，但時間，是永遠回不來的。**

以下規則，將有助於你把珍貴的時間發揮出最大的好處——

一、把你每天使用時間的方式，做個誠實的反省。

這工作至少要做一個星期。看看你的時間浪費到哪裏去了。

二、每星期為下一週做一次每天的時間規劃。

為每天的工作作合理的時間安排，可以避免神經緊張、疲乏和混亂。如果這個方法適於大公司的老闆，它就應該對你、對我和雷恩夫人有好處。由於意料不到的事情，你也許需要時常改變這個工作計畫，但是，把這個工作計畫做原則性的預定表，將會使你的生活更有好處。

三、設計好省時省力的方法。

例如上雜貨店，與其時常零買，不如一次批購，這就可以節省下許多時間。這種做法是最經濟實惠的。預先擬好一週的菜單，是既省時又省事的作法，且在營養的考慮上，也比你每天擬菜單要照顧得更為周到。

四、好好利用你每天浪費掉的時間。

馬上開始一個計畫，去做一些你從沒有時間做的有價值的事情，而且只能利用你的「休閒時間」來完成。試試這個方法，看看效果如何。

五、利用一分鐘完成兩分鐘的工作。

卡塞狄太太（提娜）就這樣做了。當她替小孩子溫牛奶的時候，還一面替丈夫的營業做計畫。當你等待著牛肉燉熟的時候，你也可以寫點什麼東西，或是擬個計畫。帶小孩在公園玩的時候，可以一面做些編織的工作，這就是利用一分鐘完成兩分鐘的工作。

六、學習利用現代文明利器以替代你的筋骨勞累。

報上的商品廣告，消費者調查公告，從我們喜愛的商店帶回來的郵購小冊、電話、美國郵政，這些都能幫你節省時間。花費一個下午去逛街，買回來可以利用用郵撥或電話訂購的東西，這就是對時間最昂貴的浪費了。

七、運用高明的購物方式以節省逛街的時間。

了解貨品的價值，利用特價商品的好處，大批購買某些東西……聰明的購物方法，是一種特別的技術。這種技術是你的必修課程，一旦學會了，將會把你的時間和金錢做到最大的發揮，這就使你獲得許多好處了。

八、在工作中，要避免不必要的工作中斷。

在你埋頭工作時，暫時忽略掉電話和門鈴。不久之後，你的朋友就學會了只在某些特定時間才打電話給你，而且他們也會因為你的講求效率而更加尊敬你。

阿諾德・班納特在他的著作《如何利用一天二十四小時》中說：「時間的賜予，真是每天的奇蹟……你在早晨醒來時，噢！你的荷包裏就像變魔術那樣充滿了你生命裏還沒有使用的二十四小時！這二十四小時是你的。且是你最珍貴的財產。

「我們之中有誰是使用每天二十四小時來生活呢？這裡所說的『生活』並不是指『生存』，也不是指『混混日子』……我們之中，有誰不曾在他的一生中對自己說過：『如果再多給我一點點的時間，我一定可以做得更好？』

「我們將永遠得不到更多的時間。我們獲得每天所賜予的是二十四小時。」

第29章 當個伶俐的女人

研究女性美與儀態的權威瑪格麗特·威爾遜，是《你想要變成的女性》和《如何超越你的平凡》等書的作者。她是自己所倡導的原則的最出色的模範人物。她的工作非常繁重，在她第五街九八五號的公寓裏，她要料理家事，然而當她同人會面時，還要表現出美麗、高雅和從容。

最近我丈夫和我到瑪格麗特的家裏，參加一個星期日的自助餐晚宴。客人共有八位，包括好幾個名政治家。這是個難得的宴會，在迷人的佈置下，大家都談笑風生，非常盡興。瑪格麗特請我們吃了一頓精緻的晚餐，但都看不出任何勞累的跡象。那一餐是：炸雞，大碗酪梨和柚子沙拉，熱捲麵包，青豆蘑菇燉鍋，自製的水果凍，和甜美的水果冰淇淋。

因為不見有佣人幫忙，飯後我就問瑪格麗特，如何能獨自安排這麼一個完美的餐宴。

「很簡單！」她告訴我：「所有的東西都是用簡捷的方法做出來的。在客人將到之前，我就開始炸雞，在喝雞尾酒時，我就把炸雞放在烤箱裏保溫。水果沙拉是使用現成罐頭作的。我使用冷凍青豆——下午煮好青豆，和蘑菇一起放進燉鍋，切好乾酪後，在快要上菜以前，才把這些東西一起燉好。甜點是事先把冷凍水果混合好，再放在冰淇淋上面的，就是這麼簡單而已。」

然而有些女人仍然相信請客需要好幾個小時的烹調，要用講究的餐具，以及特殊的照料。等到賓客到達的時候，女主人看起來很忙，彷彿早已累壞了。

一九四八年在歐洲的時候，我和丈夫到一位相識的大學教授家赴宴。到達時，我們都很驚訝沒有看到教授夫人。他解釋說，他的太太正在監督佣人作菜。後來她終於出現了，他只是坐下來閒談幾句便又匆匆趕回廚房，因為她的心思仍然留在廚房裏。

晚宴的菜自然是極出色和可口，但我從沒有看過吃一餐還要這樣勞神費事的。每道菜吃完以後，我們的女主人就跑回廚房裏，監督下一道菜。

當這種精緻卻不舒適的晚餐結束以後，我們都大大地鬆了一口氣。我們都寧願帶著這位太太到餐廳去吃這頓飯。雖然她從來沒有聽說過簡便的方法，但也許她聽說過了，但是可能她不願意那樣做，因為歐洲的習慣一向如此。

許多奇妙的創造發明，使美國的家庭主婦省去不少手續，比如冷凍食品、罐頭菜、以及各種各樣的家庭用品。為什麼不利用這些文明的利器，使自己花費最少的時間和精力，而得到最大的效果呢？

會有很多人說，這樣的味道是不會好的。到底是罐頭的味道好，還是自己做起來的味道好？這並非此處討論的重點，不過，我想無論哪一個男人，對於終日過度忙碌而弄得精疲力竭的妻子，總不如對到了晚上還是顧盼生姿，神采奕奕的妻子來得喜歡吧！

研究報告指出，**無法改進工作效率，是家庭主婦最大的缺點**。吉爾布雷斯所研究出來的叫做「節省行動」的科學，已經使我們了解到處理家事的許多簡捷方法。

你有沒有用十個步驟去完成五個步驟就能完成的工作？有沒有使用四個動作去做兩個動作的工作？反省你處理日常工作的「方法」，然後看看能不能改進你的效率。最快的方法，往往就是最好的方法。

例如，做早餐的時候，如果你用一次的動作，從冰箱裏把你所需要的東西一起拿出來，你就會節省時間、精力和燃料；你可不要一次拿出雞蛋，然後再走一趟拿出奶油，最後又走一趟拿沙拉……

把海綿和抹布放在家裏各個主要角落，也可節省許多時間。比如在浴室裏放有海綿，每天就可以方便地擦洗瓷製的浴缸，如此就可隨時保持浴室的清潔。這比之平日任其累積污穢，一個星期大洗一次，不知要省力多少！

使用「隨時隨地清理」的方法，你就不至於在六天裏沮喪地想著，第七天有許多清洗不完的工作等著你。如果住的是樓房，不妨把清掃用具同時放在樓上樓下。

當我的小孩還小的時候，因為家裏沒有地方可擺嬰孩浴盆，起初我在浴室的盥洗台上替她洗澡，由於我很高，必須彎著腰身。結果我的背部痛了好久。於是，我開始在廚房水槽替她洗澡，這樣一來，我便可以舒服地站著，我在水槽上替她脫衣服。水槽對小孩子來說，是更寬敞了，也便於保持清潔和衛生。甚至還有一個小噴水器，可為她沖浴呢！

許多忙碌的女人，在收拾晚餐的餐具時，就可以一面擺好次日餐的東西。這樣可以省下把盤子拿去收好，隔天清晨再拿出來的麻煩。如此也可以使早餐吃得更加從容舒適，而不致於神經緊張。

女人上街購物是最浪費時間的事；除非她知道那些「簡捷方法」！

一、主要的日常用品要大量訂購

例如，衛生紙、紙餐巾、紙毛巾、化粧紙、肥皂、牙膏、清潔劑和防臭劑……而且可以使用郵購或電話訂購。大量購買使我們享受廉價優待和專程送到府上的雙重好處，這是最經濟實惠的作法。

二、購買以前先做好計畫

例如，要買一件大衣，在你走進商店以前，就要先想好顏色、質料、樣式、價錢。這樣，你就可以節省時間，且也不致於買下不合己意的東西。

三、加入一種專為消費者調查商品的社團

我曾加入這種社團，一年只花六塊錢，但節省了不少時間。這服務社每月送一本商品介紹說明書。一年送一本商品目錄。

這些冊子裏面，凡是目前市上所有出售的商品，大至汽車，小至牙膏牙刷都有列入。而且對這些商品的等級，總經過一番詳密的檢驗——昂貴的，不一定就品質好。比如去年，根據這種檢查，說是一種定價四角五分的洗滌劑是市上同類產品中品質最佳的。我向來所用的是定價一元的，但品質與這一比就差很多了，這真使我吃驚。這樣一來，雖然只是這樣一點節省，但我付給這服務社的錢已經大大獲得補償了。

四、學習筆記

我在辦公室工作的幾年裏，使我成為習慣於作筆記；那是節省時間的最好方法，除非你具有超人的記憶力，無論你要安排一個宴會、上街購物、或是一年的預算，你最好養成把它寫在紙上的習慣。記憶莎士比亞的十四行詩，或是你丈夫上司的名字，倒還無妨。但如果把其他毫無價值的事填入你的腦袋瓜子，豈不是增加沒有必要的負擔（顯然我丈夫和我如果沒有作筆記，就都沒有辦法思考了。我們在房子裏的每一個抽屜，都放有小紙條和鉛筆）。

這一章談到了簡捷方法，如果能激起你悉心檢討你自己的家事處理法，那麼你將得到其他更多的好處。只要你留心一下，你會很快找出提高你的工作效率的方法；你將可以找回許多被浪費掉的時間，把它拿來用於自己的修養或對丈夫的協助上。

以下有三個步驟，可引導你減少你所不喜歡的工作——

1・分析你的工作方法

估計工作所需的時間，找出在哪裏浪費了不需要的時間與精力。細心地檢討你特別討厭的雜事，很可能是你做事情的方法有問題才使得這些事情使你覺得不愉快。

2・研究你最不喜歡的工作能否有改進的方法

如果你被難倒了，可以請教你的朋友們，或請教你的丈夫。因為男人對於這種「簡捷方法的科學」最有心得。或者寫信給報紙或婦女雜誌的家庭專欄去求教。

3・工作上的知識不足時要設法學習

亞歷山大・G・培爾有一次向他的朋友約瑟夫・亨利抱怨說，由於缺乏電學知識以致工作很不順利。亨利先生並不表示同情，只是對他說：「努力去學會！」

因此你切不可因為事情做不好就灰心。如果一件事情是值得做的，那就應該把它做好。一般的主婦，只要她願意，她一定可以把基本的家事做好。甚至於佣人的管理上，你也可以做得很好。

還有一點要注意：不要放棄掉你真正喜愛的工作。為了能夠欣賞花朵，就得除草——但是千萬不要大意的連花朵都一起拔掉了！對於你比較不喜歡的工作，要使用簡捷方法——如此，你就可以節省出一段時間好讓你去做你所喜歡的工作了。

有些女人從縫紉，烹煮特殊菜色，或是保持家具像蘋果般的發亮等等工作中，得到很大的滿足。不管你的特殊愛好是什麼，要享受它——不要放棄掉做好一件工作的滿足感。在家裏使用現代效率技巧，主要的目的是要給你空間，去做你所喜歡的，有益的活動。

《摘要》

如何為丈夫營造一個甜蜜的家庭——

一、要知道：「只是一個家庭主婦」是值得自豪的。

二、要使他的家庭輕鬆、愉快、整潔舒適，別忘了家是你的，也是他的。

三、把有限的時間做最有效益的運用。

四、簡化手續，以加速完成家務。

「第八部
人生的兩大目標：健康和財富」

第30章 如何在丈夫的收入範圍內生活

對於金錢，在小說情節裏有一種容易賺取，毫不在乎的樂天哲學，曾給了我們許多有趣的笑料。

在《你無法把錢帶在身邊》裏，那位絕不相信所謂所得稅，而且抵死不肯繳付的老紳士，令我們捧腹不已。大衛・柯博菲爾德的年輕新娘朵拉，當她丈夫想要教她按照收入來預計開銷的時候，朵拉就噘起嘴撒嬌，她也令我們啼笑皆非。

我們也喜愛《與父親一起生活》裏所描寫的母親節。為了母親把家庭預算弄得一團糟而無法避免的每個月的爭戰裏，父親在母親節那天卻表現了最好的風度。

狄更斯筆下浪漫成性的麥考柏先生，也是文學上最令人發噱的角色之一。固然，在小說裏，迷人和不負責任常常會同時並存在一個角色身上。但在現實生活裏，再沒有其他事情會比金錢上的揮霍無度更加傷感情的了。入不敷出的人並不有趣——他是個粗心的冒險家。腦筋糊塗、奢侈浪費的妻子，也並不迷人——她只是個糾纏在丈夫脖子上的重擔。

比起十年前或甚至五年前，現在我們所使用的錢實在太不經花用。對著一個不成比例的挑戰，你必須好好利用那些錢。物價膨脹了——生活水準提高——我們的孩子所需要的教育費用，變得更加複雜和昂貴。

大家都認為「只要有錢，就什麼問題也沒有了。」這是一個普遍存在的錯誤觀念。專家們早已指出其謬誤。艾爾西‧史泰普來敦曾經擔任華納莫克和吉姆貝爾百貨公司職員和顧客的財務顧問，他認為對大部分人來說，收入增加只是造成花費增加而已。

加拿大蒙特婁銀行奉勸存戶，當你的收入增加時，要注意得法地使用它。

我在為本書收集資料時，曾看了一本有名的心理學家有關家庭問題的著作。這是一本好書，可惜有一缺點，就是該作者對於家計方面並不內行，他甚至說：「處理家計是很簡單的，有錢時就多花，沒錢時就少花嘛！」

理論上似乎是很簡單，但實際處理起來不是這樣簡單的。作者這樣的話，真會叫我們聯想起前述的小說裏那些只知浪費金錢的可笑的人物。

毫無節制地花費，意思是說每個人，包括肉店、麵包商和燭台製造商，都可以來分享你的收入——除了你本身以外的每個人。

相反的，有計劃的，或是有預算的花費，可以保證你和你的家人，能夠從你的收入裏得到公平的分享。

預算並不是一件束縛行動的緊身衣，也不是毫無意義地把用掉的每分錢都一一做記錄。

預算是一種設計、一項規劃，用以幫助你對收入作最大效益的使用。正確的預算方式，將會告訴你如何才能達成你的目標——富裕的家庭、子女能受高等教育、自己有養老金……預算開銷的計劃表格將會告訴你，你可以刪減哪些比較不重要的項目，去填補你必要的開支。

如果你一向沒做過預算，你應該馬上開始學習如何處理家庭財務。你能夠幫助丈夫成功的一個最重要的方法，就是要知道如何使他的收入做到最大的利用價值。如果他很會開源但不懂得節流，你就可以幫他看緊荷包。如果他本來就節儉，你可以採取和他一致的用錢態度以增加他的信心。

如何才能使你自己成為家庭財務專家？你家附近的銀行裡可能有家計預算諮詢服務，他們將會告訴你如何做好一個預算計劃，以適應你特殊的需要和收入。你得好好利用。

伊利諾州芝加哥市北密西根街九一九號，家政協會的消費者教育組，印行了一些精美的家計簿，談到家庭財務管理，包括預算。這些小冊子每本售價十分，但它可能節省你這個價格的N倍金錢，如果你能夠從善如流、善加利用。

設在紐約市東三十八街二十二號的公益委員會，也供應許多精美的小冊子，每本二十分錢或是長期訂閱也可以。內容包括：「女人——和她們的金錢」、「如何投保人壽保險」以及「消費者的賒帳」等等，對於想要處理好家庭財務的女士來說，這些資訊將令她們深感興趣。

《婦女時代》雜誌也是這類知識的最佳來源。它會告訴你，如何改製舊衣服、如何調理出既營養又價格低廉的小菜，甚至還告訴你如何製造自己的家具。

你不能依賴在無意中發現的任何一種已經印好的預算計劃表。它必須是專門為你擬訂的，不見得也適合於其他任何人，因為沒有其他的家庭會和你的家完全相同。你的經濟問題就像你的臉孔和身材一樣，是獨特而不同於他人的。

以下有些原則，可以幫助你完成你自己的家庭預算計劃——

1．記錄每一筆開銷，使你明瞭你應如何使用你的收入

除非知道錯處，否則我們永遠無法改善任何情況。如果我們不知道在何處刪減、為什麼要刪減、以及刪減什麼，就無法談節省，所以我勸你應該在一段試驗期間，記錄下所有的家庭開銷——以三個月為試驗期間。

亞諾德．白尼特和約翰．洛克斐勒都是手不離帳冊的記帳專家，我當然也是見賢思齊，雖然我都以支票的方式付款，但仍然喜歡把我的花費作成明

細表。年終再總結算一次，於是我就能夠很精確地告訴你，這一年我們在食物方面花了多少錢、或燃料費、水電費、娛樂費等等。我還可以藉此探討我家生活費增加的來由。

等到你知道錢都花到哪裏去以後，本可不再這麼做，但我很喜歡手邊隨時保有這種資料。例如，當我懷疑我是否花太多錢在買衣服上時，只要瞥一眼記錄表，我就知道真相了。

我認識一對夫婦，當他們開始登錄開銷情形以後，很驚訝地發現到他們每個月花了近七十元去買酒！然而，他們並不是酒鬼，只不過是一對熱情的主人。他們很歡迎自己的朋友在興緻好的時候，就「到家裏來喝一杯」——這種事情不時發生。

終於，他們做了一個明智的決定，認為不能再開免費酒吧了，於是，那七十元就得到了更好的用途。

2・依照你家庭特殊的情形，擬出你自己的預算

首先你把這一年裏固定的支出項目列出來：房租、食物預算、利息、水

電費、保險金。然後計劃你其他的必要支出——服裝費、醫藥費、教育費、交通費、交際費等等。如你所知，這是不容易的事情。你必須有堅定的決心、家庭的合作、有時還要有嚴格的自制力。

我們無法買下每一件想要的東西，但我們可犧牲掉最不重要的東西以獲取最重要的東西。你願意以放棄昂貴的衣服來換取家庭的幸福嗎？你寧願自己洗衣服，以節省下來的錢買一臺電視機嗎？

顯然，這些決定必須由你自己和你的家庭來做決定，所以現成的預算表，對於你個人的需要是沒有幫助的。

3・至少要把每年收入的百分之十儲蓄起來

規定「自己」（亦即你的「家庭」）一個定額開銷——至少要把十分之一的收入儲蓄起來，或拿去投資，或拿來做特殊用途。專家說過，如果你能節省你丈夫收入的十分之一，即使物價高昂，不到幾年你也可以獲得經濟上的舒適。

我認識一個女人，她嫁給一個頑固而節儉的新英格蘭人。她的丈夫寧願在中央車站廣場脫光了衣服，也不願放棄節省十分之一薪水的計劃。

這位太太告訴我，在經濟不景氣那幾年，他們可真吃足了苦頭，她先生的薪水被「縮水」得太多了，在買日用品的時候，必須精打細算節省每一毛錢，她丈夫每天要步行二十條街，以省下公共汽車費。但是，節省十分之一薪水的老習慣，仍然不曾放棄。她說——

「當我們非常需要錢用的時候，我真是恨透了這個計劃。可是現在我卻要感謝它。因為藉著它，我們才有了自己的房子，而我們的生活也才不虞匱乏。」

4．預備不時之需

許多專家奉勸年輕夫婦說，至少要存有一至三個月的收入，以備不時之需。但是，這些專家警告說「欲速則不達」，過分勉強的儲蓄反而存不了錢。與其斷斷續續地隔幾週才一次存五元，倒不如每週固定地存下兩塊半，效果會更好。

5・實行預算要全家合作

據專家們說：所謂預算，必須由全家人合作，並時時謀求改進。因為對錢的態度是由於這人的經驗、氣質和教育程度而各有不同的，所以如果能常常集合全家人研討預算，可使由對錢的看法不同而產生的感情上的相左獲得解除。

6・要對人壽保險的事加以研究

瑪莉・史蒂芬・艾巴莉，是人壽保險協會婦女組主任。對全國的女士來說，她所說的話就是人壽保險專家的看法，深具權威性。當我訪問艾巴莉女士的時候，她建議當妻子的人應該自問以下這些問題——

你可知道，人壽保險對你的家庭有什麼重要性？

你可知道一次付款和分期付款有何不同？

你可知道在付款的方法上你有很多不同的選擇？

你可知現代人壽保險具有雙重目的：如果保險人不幸早逝，人壽保險就成了他的家屬的保障；如果他活著要享受餘年，人壽保險就可以供給他獨立的基金。

這些問題對於你的家庭非常重要。只讓你的丈夫知道這些還是不夠的，你也應該知道這些答案。假定有一天也許你變成了寡婦，由於你具有人壽保險的知識，你就可以解除你的困難和憂慮。

賈德森和瑪麗・南狄斯，在他們合寫的《創造成功的婚姻》一書中告訴我們，家庭收入的支配，往往是婚姻生活裏，必須常常溝通的重要問題之一。

固然，金錢並非萬能；但如果知道如何高明地處理我們的金錢，就可以帶給我們丈夫和家庭更多心境的安寧，這也是幸福的泉源。

所以，你不可再幻想著吉姆能夠像那個《無緣的人》那樣帶回來一個大薪水袋，這只會浪費你的時間。你的工作就是使自己變成財務能手，好好處理吉姆賺回來的每一分錢，如果激勵他賺更多的話。

那麼妳應該如何來實行呢？可依照如下六個原則去做——

一、登記所有的支出，藉以明瞭妳在如何使用收入。

二、擬訂一年中的預算表。
三、抽出全部收入的百分之十來儲蓄。
四、要準備一筆不時之需。
五、實行預算要全家合作。
六、對保險的事要加以研究。

第31章 他的生命掌握在你手中

你是否想知道如何謀殺丈夫而毫不露痕跡的方法？這不需要用青酸鉀、鐵鎚、或者手槍那樣麻煩的東西，只要用油膩高澱粉的食物把他塞滿，使他過肥到百分之十五至二十五就可以了。這樣一來，你就可以叉起手來等待做一個寡婦，因為遲早會有這麼一天的。

專家說，五十餘歲就辭世的男性，比女性要多百分之七、八十。

專家們都指責這是由於妻子的緣故。

請先聽一聽梅特・浦利頓人壽保險公司的路易士・達布林博士的說法。他發表在《生活與人生》的那篇〈停止謀殺你的丈夫〉的文章裏說：「四十年來，我做一家人壽保險公司的統計工作，所得到的結論是，許多男人在年限未到以前就死了，如果他們的妻子能夠更加嚴謹地盡到自己的職責，照料她們的丈夫，這些男人也許就可挽回生命了。」

他曾研究過超重和死亡率的關係，在這方面，他是全國最具權威的人士之一。

赫伯特・柏拉克是紐約市西奈山醫院新陳代謝疾病的醫師。在《現代婦女》刊載的那篇〈為什麼丈夫們死得那麼早〉的文章裏，他告訴我們：「你能為維護丈夫健康而努力，就真的能延長他的生命……現在，你的手裏已經掌握了一種可以延長你丈夫生命的能力。」

許多生活在半饑餓狀態的苦力勞工，都會比你丈夫活得更久——如果你的丈夫超重的話。在俄亥俄州克里夫蘭最近的一次醫學會裏，《減肥與保持身材》的作者諾曼・喬利菲博士，把肥胖稱為「美國公共衛生最大的一個問題」。

美國科學促進協會在聖路易召開的一次會議裏，一位教授說：「戰爭固然可怕，但死於槍劍下的人，遠不及死於餐桌旁的人來得多。」

無可否認的，我們對於丈夫的腰圍是該負責任的。一個男人所吃的，就是他太太擺在他面前的食物。妻子的菜煮得愈好，丈夫的腰圍就愈粗。拒絕妻子端出的那些精製的食物，未免太不領情了。難怪當年亞當也會為自己辯解說：「這個女人誘惑我，所以我就吃了。」

大多數人在年歲增加以後，由於不常運動，所以所需的熱量就更少了，但是，我們卻吃得更多。提早養成良好的飲食習慣，以維護丈夫健康，是我們的職責。

熱量低而能產生高能量的就是最好的食物。如果你不知道這種方法，就去請教醫師。他將欣然告訴你如何安排你丈夫的飲食以減輕他的體重，並使他精神充沛。

F・E・懷海德博士，是麵粉協會的營養專家，他說要減肥首先就不要吃脂肪太多的東西，一天三餐應該根據體力消耗情形，每天都吃得適量。他還勸告我們，動物性和植物性蛋白質的攝取要取得均衡。

注意你丈夫吃飯時，不要讓他慌張和緊張。因為鬧鐘一響就爬起來，一邊下樓一邊吃早餐，公事包一夾就衝出門去的人多得很哩！

巴爾的摩精神學院的精神科主任羅勃特・V・沙利格博士警告我們：

「早餐狼吞虎嚥，衝出門趕七點五十八分的電車，然後開始工作，中午吃十五分鐘的快餐，或是一邊開業務會議，一邊吃午餐，這種情形，對於生活在現代社會的一般男人，真是司空見慣。」

如果需要的話，你們應該早一點起床，至少也要使你丈夫吃一頓不慌不忙的營養早餐。我有個朋友就是這樣，結果情形很令人滿意。她就是住在紐約裘加登斯第一一八街八十三號之八十的克拉克‧布里森夫人。她的丈夫是紐約一家最老的不動產代理商畢斯和艾利曼公司的財務主任兼副總經理。

布里森先生常把整個公事包的文件帶回家處理；由於過度疲乏，以致他無法在晚上把這工作處理好。碰到這種情形，他的妻子就建議他們早一點睡覺，隔天早晨提前一個小時起床。他們兩個都很滿意這種安排，所以他們現在每天都這麼做，不管布里森先生有沒有「家庭作業」需要處理。

布里森太太說：「那多出來的一個小時，是我們每天的禮物。我們首先享受一頓舒適的、不慌不忙的早餐，然後，如果克拉克有工作要做的話，他就趁這個時候輕鬆地把它做好。這段時間沒有電話也沒有門鈴打擾。有時候我只是看看書，放鬆心情，做做家裏的瑣事或畫畫，畫水彩畫是他的嗜好。

有時我們也到公園裏，享受享受清晨漫步。由於我們每天都有了安靜舒適的早晨，以致不管這天會發生什麼問題，我們都可應付自如。當然，對於晚睡的人來說，這個方法就行不通了，因此我們都睡得很早。」

如果你也是在早上開始一天的工作時，就覺得慌忙和緊張的人，那麼，也許這個額外的一小時計劃，對你會有好處，你何妨一試呢！

如果你想使你的丈夫健康長壽，請你遵循以下這些原則——

1．注意他的體重，一如注意自己的體重那般細心周到

寫信給任何一家保險公司，向他們要一張體重和壽命的對照表。量一量你丈夫的體重，看看他有沒有超重百分之十。如果他超出了，就請醫師替他開一張菜單。

千萬不可讓他自行減肥，或是服用廣告上誇大其詞的減肥藥！在使用任何減肥方法以前，一定要去請示你的醫師。

為了配合醫師的處方，要盡你的能力把給丈夫吃的食物做得美味可口。

切不可老是無奈地告訴他：「為了你的健康，請你吃這個。」而不注意好好地做菜。你必須把醫生所指定的食物，做得色香味俱全。

2・堅持要他做一年一次的內科、齒科和眼科的健康檢查

預防仍是治病的最好方法。那些死於心臟病、癌症、肺結核和糖尿病的人，如果能夠早期發現，就可以挽回一命了。

據美國糖尿病協會的統計，在美國確知患有糖尿病者多達兩百萬人，而且至少還有一百萬以上的人患有糖尿病，但是他們自己並不知道。

許多人關心自己的汽車遠勝於關心自己的身體，雖然可悲，但確是真的。所以，你一定要注意你的丈夫，讓他接受定期的健康檢查。

3・不要使他操勞過度

野心過人雖然能幫助他成功，但同時也容易使他無法活得長久，以致等不及享受成功的果實。所以，如果升級必須承受很大的壓力，你就寧可讓他放棄。

紐約馬伯爾協同教會的牧師諾曼・文森・皮爾博士，在印地安那波里斯對一群聽眾演講時說，現代的美國人，很可能是有史以來最神經質的一代。他說：「愛爾蘭人的守護神是聖・派翠伊克；英國人的守護神是聖・喬治；而美國人的守護神卻是聖・維達斯。美國人的生活太緊張，即使要他們在聽道以後能夠平靜地睡去，也是不可能的。」

所以，你應該寧可讓你的丈夫少賺一些錢，如果賺大錢的代價是不幸或早死的話。如果他給自己的壓力太重了，你應該鼓勵他滿足於既有的成就。一個女人的態度，可以決定一個男人拚命到何種程度。

4・要注意使他獲得充份的休息

抗拒疲乏的秘訣，在於——能在疲倦以前就預先休息。就是短暫的放鬆，也會有驚人的效果。如果你的丈夫每天回家吃午餐，在他回去工作以前，讓他躺下休息十分鐘或十五分鐘。

鼓勵他在晚餐以前小睡一下，這或許可以使他多享受幾年快樂時光。

美國有軍隊每行軍一小時就要休息十分鐘的規定。作家毛姆到了七十多歲，仍然精力充沛地工作。他說這是得力於每天午餐後的十五分鐘小睡。邱吉爾吃過午飯後，也要在床上休息一兩個鐘頭。朱利安・戴蒙到了八十多歲，還在紐約塔利頓一家全世界最好的苗圃裏很有活力地工作。他老先生每天下午都要睡長時間的午覺；他說，午覺使你蓄滿了精力。

5・讓他擁有一個快樂的家

一個嘮叨的、喜愛牢騷的妻子，是男人成功的一種障礙，因為這樣的女人只會使丈夫不幸，打擾丈夫的工作情緒，也是丈夫健康上的一大威脅。

一個不幸的、憂慮的或是滿腹怒氣的男人，是很容易「突然間躺下去」的。因他的內心。過於緊張，他的反射作用就失常。他很可能會被車子撞到，或者在公路上把自己和旁人撞得粉碎，或是在工廠裡被機器軋傷。

他也很可能會暴飲暴食，康乃爾大學的哈利・古德博士說：「人們在不快樂的時候，或是想從壓抑及緊張中解脫出來時，通常會大吃大喝一頓。」

為了使人生成功，就必須具有經得起為成功而努力的健康，不管是否願意，我們做妻子的，對先生的健康是必須負責的，「我的生命在你的掌握中」——可說是一切已婚男性的主題歌。

《摘要》

如何保衛丈夫的健康和財富——

原則一：在丈夫的收入範圍裡過活。

原則二：維護丈夫的健康，一如維護你自己的健康，不要忘了：

1．注意他的體重。

2．使他接受定期的健康檢查。

3．防止他操勞過度。

4．讓他獲得充份的休息。

5．使家庭生活愉快。

附錄 完美自己的名人語錄

儘管你處心積慮的模仿別人，
亦將一無所得。
因為你是一個「新人」，
過去的世界上絕沒有和你一模一樣的人，
即使翻遍所有的歷史，
也不可能發現和你完全相像的人。

——戴爾・卡內基

能夠忍耐的人，就能得到他想要的東西。

——富蘭克林

只要改變看法，
任何事情都會覺得趣味盎然。
如果對工作全力以赴，
公司蒙受其利，
也容易受到上司賞識，
我們每天起床後有一半時間都在工作，
如果你對任何事情都興趣缺缺，
那麼人生是何等乏味！
能樂在工作而忘掉一切煩惱，
或許更能促使你實現晉級、加薪的美夢。
不論如何——
至少，已能將你身心的疲勞減到最低限度了。

——戴爾·卡內基

利用獨樹一幟的你，
也聽從阿爾溫格・巴林給喬治・卡爾遜的忠告去做吧！
他倆初次相逢的時候，
巴林已經是名聞遐邇的作曲家，
可是卡爾遜還在潦倒的藝術家堆裏打滾，
每週只勉強賺到三十五美元。
巴林非常欣賞卡爾遜的才華，
便提議：「你來做我的祕書，
我給你多於現在的三倍薪水。」
可是他馬上接著說：
「不過你還是不要接受我的工作比較好，
因為如果你做了我的祕書，了不起做個巴林第二，
但是如果你保持你的個性，
相信有一天你會成為第一流的卡爾遜。」

——戴爾・卡內基

等到我功成身退之時，
即使失去世界上大半的朋友，
也要盡量留下一個能談心、能支持我的朋友。
——美國總統　林肯

如果在我五十年的人生經驗裏，
曾經學到一點東西的話，
就是「能使自己得到幸福的，唯有自己。」之教訓。
——戴爾・卡內基

依照自己的身材做的衣裳最貼身了，
照著別人的尺寸來做的衣裳，絕不可能合適的。
——美國作家　愛德華・懷伯

順著世俗的觀念去生活，是很容易。
依自己的想法過著孤獨的生活，也是很容易的。
而真正不容易的是在群居生活當中，
也能識得獨立真味。

——美國思想家　愛默生

使自己沉緬於夢想中，
而覺得快樂的人，
或是將所有的事物都看得透徹，
依信念和希望做事的人，
以及天上的星星一直照顧著他、守護著他，
而他的心靈也並未被世俗所污染的人——
都是幸福的人。

——英國哲學家　湯馬斯·赫胥黎

假如你的心裏有煩惱時，
不要去聽人間嘈雜的合唱，
你只能傾聽自己心靈的聲音告訴你的事。

——戴爾・卡內基

每個人都有自己尚未發覺的潛在能力。
無論是誰，到了千鈞一髮之際，
即使從前認為極不可能的事，
也會迎刃而解的。

——戴爾・卡內基

先找出最適合你的方式，
然後照此方式去做應該做的事。

——戴爾・卡內基

如果你認為人生是各種突如其來的事件之組合，
那麼你就錯了。
在人的頭腦裏會不斷的產生如暴風般突如其來的想法，
因此，才有了人生。

——美國作家　馬克・吐溫

我們為什麼要趕在別人前面呢？
為什麼要如此行色匆匆呢？
和別人的步調不一致，
也許就無法與進行曲的節拍相配合了。
不論是何種旋律，也不論是在多麼遙遠的地方演奏，
只要停留在能聽到自己所喜歡的音樂的地方就可以了。

——美國思想家　梭羅

如果每封寄來攻擊我的信，
我都要親自過目，並且還要回信，
那麼我寧可把事務所關閉而去做別的事情。
對於任何事情，我都想盡力做好，
並且在神審判的日子到之前，
我願意繼續努力的做下去。
倘若結果我是正確的，
那些寫來攻擊我的信，就毫無意義了。
萬一結果是錯誤的，
那也有體諒我的天使會替我辯護的。
何患之有？

——美國總統　林肯

要想得到內心的安詳，別無他途，
唯有獲取真正的判斷價值，才能達成，
這是我的一貫信念。
如果你也能建立屬於自己的金科玉律，
所有的煩惱將可減去一半。
這種「金科玉律」，便是具有人生價值判斷的測定基準。

——戴爾・卡內基

我最佩服的是對有意義的工作，
赴湯蹈火在所不辭的人。
不論你、我的社會地位如何，
不肯出力做事的人，實在是很可悲的。

——美國總統　羅斯福

相信自己以後，對於其他的事情，
也自然而然產生信心了。
——法國道德學家　拉・羅休弗克

一心想賺大錢的人，
絕不可能成功，
他必須先立大志。
事業上成功的秘訣非常簡單，
只要不斷的努力做好事情，
遵守「商業法則」，
頭腦清晰，成功就指日可待了。
——美國實業家　洛克菲勒

工作很順利的完成時——
換句話說，也就是找對門路之時，
「按部就班處理工作，就會做得好。」
假如隨時都能有這種工作態度，
就好像在健康的日子裏還有假期，
對我來說，每當工作進行順利時，
在我的腦海裏就會浮現輕鬆愉快的景象。

——美國思想家　愛默生

假如你有勇氣認錯，
則可以轉禍為福，
當你承認錯誤之後，
不僅你的朋友更加尊敬你，
你自己也會因而重新看重自己。

——戴爾・卡內基

勤奮是返老還童的仙丹靈藥。
因此，最忙碌的人也就是最幸福的人。
不管從事哪一種行業，
若要出人頭地，便只有不斷的埋首苦幹，
絕不可有「滿足現狀」的心理，
如果你認為辛苦多年，如此也就足夠，
那麼你就要開始墮落了。

——英國詩人　塞渥得・馬丁爵士

青年時代是人生最幸福的階段，
這實在是錯誤的觀念。
最幸福的人是能深入品味人生的人。
因此，人們往往年紀越大越幸福。

——美國教育家　威廉・菲力普

獲得滿足的祕訣，
就是找出自己實力的界限來。
事實上，不論成就多麼不凡的人，
將其所佔的地位與浩瀚的宇宙比起來，
實在是小巫見大巫。
換句話說，
必須具備有實現自我的勇氣、忍耐孤獨的勇氣。
——中國幽默大師　林語堂

如果你認為，你現在所做的事是正當的話，
絕對不可讓其他的事物來妨礙工作。
世上很多偉大的事業，
都是由於能克服的障礙而完成的。
——戴爾·卡內基

對於自己的缺點一味自怨自艾、自顧自憐，
都是於事無補的。
不如下定決心，
將種種可能從事的工作好好的想一想，
然後去找自己最感興趣的事來做——
發揮你最大的長處，做出最有效的工作。

——美國科學家　哈里・愛默森

要獲得幸福，
唯有樹立一個目標，
然後全神貫注的去達成。
同時，要把壓抑在體內的力量，
全部解放出來，方能提高希望的成分。
其實，幸福就在你心裏。

——戴爾・卡內基

人生就這麼一趟。
在這世上，怎麼樣過都是一生，
與其平安無事的終其一生，
還不如冒險犯難的把工作完成，
對人生，這也許是比較好的方式。

——美國總統　羅斯福

請暫時停下來欣賞窗外的風景吧！
這裏有屬於你的世界。
——好好的享受吧！
今夜你可以到外面仰視星空。
它也是自然界的奇蹟啊！

——戴爾・卡內基

遇到困難要不氣餒、堅持到底、絕不中斷，
有了上述這三種決心，
你大概可望成為一個成功的人了。
或許有時你也會意志消沉，
但你必須超越它，做到了，
那麼，世界就是你的。
——戴爾・卡內基

越有地位的人，越不能偷懶，
而且要更加賣力才行。
雖然任重道遠，終究會達到預定的目標。
——戴爾・卡內基

成功者的必備條件很多。
如：健康的身體、活力、耐力、辨別力、熱誠和才能。
還有一項最重要的條件沒有它，則一切都無效。
最重要的條件即是——勤勉！
——戴爾・卡內基

【經典新版】卡內基給女人的成功心法

作者：陶樂絲・卡內基
發行人：陳曉林
出版所：風雲時代出版股份有限公司
地址：10576台北市民生東路五段178號7樓之3
電話：(02) 2756-0949
傳真：(02) 2765-3799
執行主編：朱墨菲
美術設計：吳宗潔
行銷企劃：林安莉
業務總監：張瑋鳳

初版日期：2022年1月
版權授權：翁天培
ISBN：978-626-7025-21-5

風雲書網：http://www.eastbooks.com.tw
官方部落格：http://eastbooks.pixnet.net/blog
Facebook：http://www.facebook.com/h7560949
E-mail：h7560949@ms15.hinet.net
劃撥帳號：12043291
戶名：風雲時代出版股份有限公司

風雲發行所：33373桃園市龜山區公西村2鄰復興街304巷96號
電話：(03) 318-1378
傳真：(03) 318-1378
法律顧問：永然法律事務所 李永然律師
北辰著作權事務所 蕭雄淋律師

行政院新聞局局版台業字第3595號 營利事業統一編號22759935

定價 ：270元

國家圖書館出版品預行編目資料

【經典新版】卡內基給女人的成功心法 / 陶樂絲.卡內基著. -- 初版. -- 臺北市：風雲時代出版股份有限公司, 2021.12；面； 公分

ISBN 978-626-7025-21-5(平裝)

1.女性 2.生活指導 3.成功法

177.2 110017374